ellen

KÖLN·COLOGNE

ERHARD SCHLIETER · RUDOLF BARTEN

KÖLN·COLOGNE
ERHARD SCHLIETER · RUDOLF BARTEN

GREVEN VERLAG KÖLN

IMPRESSUM

Dieses Buch ist Ihrer Freizeit gewidmet. In unserer Freizeit haben wir es produziert.

This book is dedicated to your leisure hours. We produced it in our leisure hours.

Nous dédions cet ouvrage à vos loisirs puisque nous l'avons produit pendant les nôtres.

Erhard Schlieter · Rudolf Barten

Abbildung Schutzumschlag:
Rheinpanorama von Osten
(Foto: Rudolf Barten)

Innenklappe vorn von oben nach unten: Westfassade des Kölner Doms, Lochner-Altarbild aus dem Dom, Dreikönigenschrein aus dem Dom, Kölner Altstadt

Innenklappe hinten von oben nach unten: Tanzbrunnen, Rheinpark, Karnevalssitzung im Gürzenich, Hafen Deutz

Vorsatz vorne: Abbildung aus der Koelhoffschen Chronik von 1499

Vorsatz hinten: „Ein Traum von Köln", 1977, von Günter Merkenich, lebt in Köln; Federzeichnung in Sepia auf Karton; Original: Kölnisches Stadtmuseum

Gesamtkonzeption:
Erhard Schlieter/Rudolf Barten
Text: Erhard Schlieter
Gestaltung: Rudolf Barten

CIP-Kurztitelaufnahme der Deutschen Bibliothek
Schlieter, Erhard:
Köln = Cologne / Erhard Schlieter; Rudolf Barten.
[English by: Barry Jones. Texte français: Georges Wagner-Jourdain]. – Köln : Greven, 1982.
ISBN 3-7743-0198-0
NE: Barten, Rudolf:

© Greven Verlag Köln GmbH 1982
Druck: Greven & Bechtold GmbH, Köln
Buchbinder: Werner Berenbrock, Wuppertal
Alle Rechte vorbehalten

Fotonachweis:
Die Fotos für dieses Buch wurden aufgenommen von Rudolf Barten. Zusätzlich stellten Abbildungsvorlagen freundlicherweise zur Verfügung:
Robert + Ebba Borkowsky: S. 35, u.; Christian Dalchow: S. 64, l., 121, u.; Fridmar Damm: S. 27, 53, 78, 85, o., 86, o., 100, o., 120, u., 128/129; Theo Felten: S. 29, 63, 81, o., u.; Rainer Gaertner: S. 24, o. l., 26, 31, o. r., 32, l., r., 35, o., 62, 71; Hamburger Aero Lloyd: S. 116, o.; Lothar Kaster: S. 36, r.; KHD-Archiv: S. 38, 119, u.; Alfred Koch: S. 47, u. 49, 51, o., u., 54, o., 84, o.; Walter Lüden: S. 33, o.; Henry Maitek: S. 24, o. r., 30, u; Museum für Ostasiatische Kunst: S. 37; Rheinisches Bildarchiv: S. 31, o. l., 64, r., 95, l.; Römisch-Germanisches Museum: S. 24, u.; Rolf Rudolph: S. 90, o.; Dr. Salchow: S. 36, l.; Dr. Schäfke: S. 30, o. r.; Schnütgen-Museum: S. 25; Dorothea Schwarzhaupt: S. 91, r.; Ivor Swain: S. 92, l.; Manfred Vollmer: S. 48, u., 112, 113, 114, 115; Wallraf-Richartz-Museum: S. 34, 40, 41, o., 41, u.; Dr. Wolff & Tritschler: S. 28

Luftaufnahmen:
Freigabe-Nummern des Regierungspräsidenten Düsseldorf: S. 18, o.: OK 1743; S. 18, u.: OL 1874; S. 19, o.: OL 1964; S. 19, u.: OL 1887; S. 20, o.: OL 2035; S. 20, u. l.: OL 2790; S. 20, u. r.: OL 2029; S. 21: OL 2023; S. 50: OL 1896; S. 56: OK 1755; S. 58, o.: OL 1992; S. 58, u.: OL 1914; S. 60, o.: OL 1923; S. 104/105: OL 1954; S. 108/109: OL 1978; S. 116, o.: 30 M 186; S. 118: OL 1969; S. 119, o.: OL 1995; S. 121, o.: OK 1747; S. 122/123: OL 1928; S. 123, o.: OL 1941; S. 123, u.: OK 1740; S. 124: OL 1881; S. 125: OL 2770; S. 126, o.: OL 1892; S. 126, u.: OK 1754; S. 126/127: OL 1976

Englische Übersetzung: Barry Jones

Französische Übersetzung: Georges Wagner-Jourdain

INHALT

Ein Vorwort zum Lesen	6
Das Wappen von Köln	13
Das Panorama	14
Die Stadt	18
Ankunft in Köln	22
Schatzkammer Köln	24
Köln lebt	42
Romanische Kirchen	62
Der Dom	70
Alte Kölner Kirchen	74
Neue Kölner Kirchen	80
Die römische Vergangenheit	84
Die Stadttore	88
Architektur vergangener Jahrhunderte	92
Das neue Köln	100
Brücken über den Rhein	108
Am Rande bemerkt	112
Wirtschaft und Häfen	116
Aus der Luft gegriffen	122
Historische Daten	130

Contents

A foreword to be read	8
The City of Cologne coat of arms	13
The Panorama	14
The City	18
Arrival in Cologne	22
The Treasury of Cologne	24
Cologne lives	42
Romanesque churches	62
The Cathedral	70
Old Cologne churches	74
New Cologne churches	80
The Roman past	84
The City gates	88
The architecture of past centuries	92
The new Cologne	100
Bridges across the Rhine	108
Marginal remarks	112
The economy and the ports	116
Random views	122
Historical dates	131

Tables des matières

Préface – elle mérite une lecture	10
Les armes de Cologne	13
Le panorama	14
La ville	18
L'arrivée à Cologne	22
Les trésors de la ville	24
Une ville animée	42
Les églises romanes	62
La cathédrale	70
Les églises historiques	74
Les églises modernes	80
Le passé romain	84
Les portes de la ville	88
Architectes des siècles passés	92
La nouvelle Cologne	100
Les ponts sur le Rhin	108
Notes en marge	112
L'économie et les ports	116
Des vues «au grand air»	122
Aperçu historique	132

EIN VORWORT ZUM LESEN

Texte Kölner Bildbände führen gewöhnlich in die Geschichte dieser Stadt ein. Die Geschichte Kölns finden Sie in diesem Buch auf den letzten Seiten. Bildbände sind keine historischen Atlanten. Die Autoren des vorliegenden Buches hatten verschiedene Motivationen. Dem Kölnkenner sollten einige ungewöhnliche Zusammenhänge aufgezeigt werden. Demjenigen, der unsere Stadt nicht kennt, soll Appetit auf Köln gemacht werden. Das Buch soll keine muffige Aneinanderreihung von Fakten sein. Das Auge soll sich freuen und dem Kopf weitersagen: wenn Du in Köln wohnst, hast Du ein vielfältiges Universum um Dich herum; wenn Du nicht dort wohnst und es nicht kennst, wird es höchste Zeit für einen Besuch dieser magischen Stadt. Du wirst dort etwas lernen.

Kölner sind gelernte Städter. Mit dem Fundus „Köln" kommt man in der ganzen Welt zurecht. Etwa 20 000 Kölner sind irgendwann einmal aus Köln in das Ausland gegangen. Sie schreiben oft in ihre Heimat. Sie vermissen ihre Heimatstadt, die Kneipen um die Ecke, die Altstadt, den Dom, den Stadtwald, die Hohe Straße und das Severinsveedel. Das Erlernen ihrer Stadt und das Erlernen des kritikfreudigen Lebens in ihrer Stadt hat ihnen für draußen ein unumstößliches Fundament gegeben. Eine Portion der herzlichen Menschlichkeit Kölns und ein Gefühl für das Maß der Dinge hat ihnen überall die Türen geöffnet. Eine Art Kölner Elle, die jeder Kölner in sich trägt, läßt sich überall anlegen und weiterführen.
So viel schöner als im Halbrund dieser Stadt kann es auch im Himmel nicht sein. Wir wollen nicht verkennen, daß Köln in manchen Bereichen etwas schmuddelig wirkt. Das hat es mit Rom, Paris und London neben einigen anderen gemeinsam. Wo viel passiert, bleibt auch etwas Dreck hängen. Eine Stadt wie Köln läßt sich nicht wie ein sauberes Provinzstädtchen putzen. Vieles in der Stadt scheint jedoch liebevoller gepflegt als in vielen anderen Städten. Kölner haben den Nerv, dem Leben angenehme Seiten abzugewinnen. Man hat fast das Gefühl, daß alle Mütter das den Kindern beibringen wollen.
Köln ist auch eine bemerkenswerte Stadt von Sammlern. Eine Marktforschung zu diesem Thema würde ergeben, daß in Köln je nach Geldbeutel mehr gesammelt wird als anderswo. Es wird sehr spezialisiert hohe Kunst gesammelt. In der ganzen Welt gibt es wohl keine Stadt mit mehr als acht städtischen Museen, deren Fundus meist aus Bürgerkreisen stammt. Es gibt aber auch viele Sammler von – vordergründig gesehen – Belanglosigkeiten, deren Sammlungen aber Sinn und Freude geben.
Die begrenzte Seitenzahl ermöglichte nur eine Auswahl von Aspekten. So mußten wir uns einschränken. In dem Kapitel „Panorama" wird versucht, die optisch wahrnehmbaren Charakterpunkte des Stadtbildes aus der Fußgängerperspektive und aus der Luft zu sehen. Die „Ankunft Köln" zeigt das Stadtbild von den wichtigsten Seiten einer möglichen Ankunft mit dem Auto. Die „Schatzkammer" Köln gibt einen kleinen Abriß kunsthistorisch wichtiger Kunstwerke in Köln in chronologischer Reihenfolge. In diesem Kapitel wird die Wahl zur Qual. Es könnten mindestens fünfzig ähnliche Kapitel über Köln geschrieben werden. Sie wären bei geschickter Auswahl aus den reichen Kunstbeständen Kölns gar nicht einmal in der Wertigkeit der Kunstschätze unbedingt schlechter. Einige Epochen von Köln bieten reiche Auswahl an fast Ebenbürtigem. Kein Platz war mehr für fränkische Grabschätze, die es in Köln in bester Qualität gibt. Vergebens sucht man den ikonographisch so wichtigen Gabelkruzifixus in Maria im Kapitol, die Grabplatte der Plektrudis und die Eleusa in derselben Kirche. Die Vielfalt der chinesischen Lackarbeiten, die ungewöhnlichen Schätze des Museums für Ostasiatische Kunst, nicht endenwollende Ketten von bedeutenden Werken im Rautenstrauch-Joest-Museum, Kostbarkeiten aus dem Schnütgen- und dem Erzbischöflichen Diözesan-Museum können nur erwähnt werden. Hinweise auf die vielfältigen Aktivitäten der ausländischen Kulturinstitute in Köln fielen dem Rotstift zum Opfer. Fast die ganze Schar der privaten Museen und Sammlungen auch im Bereich der Universität fehlt.
Die Kirchenschätze allein in Köln rechtfertigen wochenlange Besuche und werden kaum erwähnt. Auch bei dem Kapitel „Köln lebt" fehlt so manches. Wo bleibt das Leben der über fünfzig Kunstgalerien, das Leben in den teilweise hochspezialisierten Antiquitätengeschäften mit ihren Zentren in der St. Apernstraße und dem Bereich zwischen ihr und dem WDR sowie der Häufung dieser Geschäfte in der Altstadt? Es gibt noch Raum im lebendigen Köln für viele Bücher. Allein ein auf Honigsorten spezialisiertes Geschäft wie Müngersdorff ergäbe ein Büchlein für sich – oder vielleicht auch Pfeifen-Heinrichs, zu dem Kunden über tausend Kilometer heranfliegen, um Pfeifen zu kaufen.

Das vielfältige Musik- und Theaterleben der Stadt fehlt mit Ausnahme einiger Gebäude, in denen es stattfindet. In einem Bildband hätten Motive aus diesen Bereichen zuviel Verwechselbares mit anderen Städten gebracht, ohne die hohe Qualität vor allem der Kölner Musikszene einzufangen. Schmerzliche Lücken gibt es auch bei den Kirchen und bei der profanen Architektur und anderswo. Schwerpunktmäßig werden die romanischen Kirchen erwähnt. Sie bilden geistige und optische Grundfesten der Stadt. Keine Stadt der Welt verfügt über mehr bedeutende romanische Kirchen als Köln. Bequem kommt man auf ein Dutzend größerer romanisch bestimmter Kirchenbauten. Viele kleine kommen dazu. Fast alle Kirchen litten durch Kriegszerstörungen. Bis 1985 hofft man auf die Wiederherstellung der wichtigsten von ihnen.
Es ist gut so, daß man Köln nicht einfach so abhaken kann. Es birgt Stoff für viele Bücher. Es gäbe sogar genug Stoff für ein Buch über häßliche Baulücken in Köln. Das müßte aber bald geschrieben werden. Es ändert sich so manches zum Positiven.

DAS PANORAMA

Schlecht fotografieren läßt sich der Kölner Humor. Auch Künstler wie Woensam, der 1531 den am Schluß des Buches zur Erinnerung an das alte Colonia eingeklebten Stich geschaffen hat, hatten damit ihre Schwierigkeiten. Noch nicht einmal im endlich übersetzten Text des Woensam-Stiches (38 Schriftkästchen in Latein) kommt ein Hinweis auf Humor vor. Den außergewöhnlichen Humor von Köln müssen Sie, lieber Leser, einfach glauben, um sich dann hier davon zu überzeugen. Vieles, was in anderen Städten unmöglich ist, geht in Köln mit einem Augenzwinkern. Dies Augenzwinkern dringt in höchste Kreise bis zum Dompropst und zum Oberbürgermeister vor. Wer meint, er könne Kölner wegen ihres Humors und ihrer sprichwörtlichen Toleranz übertümpeln, täuscht sich echt. Es wird vieles verkraftet und hingenommen, es wird vieles aber auch wie in Florenz kritisiert. Schön angezogen zu sein genügt nicht in dieser Stadt. Es gehört ein gerüttelt Maß von Arbeit dazu, um sich in Köln behaupten zu können. Es soll aber nicht nur Arbeit sein.

Es gibt auch Kriminalität in Köln, aber auch dabei kommt es zu manchem Schnippchen, das in anderen Städten nicht erfunden werden könnte.

Köln ist die größte Stadt am deutschen Rhein mit etwa einer Million Einwohnern. Unter ihnen sind 120 000 Ausländer, die meist besser integriert sind als anderswo. Die Stadt integriert rasch, verlangt nur etwas Einstimmung und Lust zum Mitmachen. Aus der Stadt heraus im Grünen ist man schnell, sei es im Bergischen Land oder in der Eifel. Es gibt zwei Sorten von Kölnern. Die einen fahren in die Eifel, die anderen schwören auf das Bergische Land. Der eine mag es etwas herber, der andere bevorzugt runde Hügel mit Wald. Holland, Belgien und Nordfrankreich liegen vor der Tür und werden gern besucht. Auch die Nachbarn kommen gern herüber. Man hat so das Gefühl, daß man in manchen deutschen Landen viele viereckige Schädel aus dem Flugzeug sähe. Fliegt man nach Köln hin, werden die Köpfe zum Zentrum hin immer runder und weniger eckig. Eckig sind in Köln nur die Giebel der Altstadthäuser.

Die Stadt ist einschmiegsam, man muß sich nur einschmiegen wollen. Wenn Sie nach Köln kommen und meinen, wir hätten gelogen, rufen Sie ruhig an und machen einen Beschwerdetermin aus. Einer von uns wird schon da sein. Nun Schluß mit dem Einführungs- und Selbstbeschuldigungsgerede.

Es beginnt nach dem Wappen von Köln mit dem Panorama:

Städte haben gewöhnlich Wahrzeichen. Köln jedoch hat mehr, es hat ein Panorama. Es ist unverwechselbar. Würde man einen Panoramawettbewerb zwischen großen Städten der Welt ausschreiben, kämen Hongkong, Rio de Janeiro und Köln unter die ersten drei. In Deutschland ist Köln die einzige Großstadt mit einem ausgeprägten Panorama. Es ist keine Fassade, die einer Stadt vorgesetzt wurde, wie die von Collodi in Italien. Es ist nicht die Art von Fassade, die den Baukörper mancher Barockkirche weit überragt und dem Besucher etwa Riesiges vormacht. Köln hat ein Staffelpanorama mit städtebaulichen Akzenten, die so aussehen, als hätten sich Spitzenarchitekten in Jahrhunderten miteinander abgesprochen — Architekten, die sich nicht kannten, die aber voreinander Ehrfurcht hatten. Die vielen Türme des alten Panoramas von 1531, dem Stich des Anton Woensam aus Worms (siehe Klapptafel am Schluß des Buches) existieren nicht mehr. Brände, Kriege, Unvorsichtigkeiten, neue Bedürfnisse haben viele von ihnen untergehen lassen. Durch die Jahrhunderte hindurch wurde jedoch der gediegene, abgestufte Turmdreiklang von Rathausturm, Groß St. Martin und Dom erhalten. Dem flüchtigen Betrachter mag der Rathausturm (1407—1414) zunächst wie ein Kirchturm vorkommen. Er erinnert an flämische „Beffrois", übernimmt sakrale Elemente, richtet sich etwas nach dem Turm von Groß St. Martin (1220), der in seiner türmchenbewehrten Viereckigkeit an normannische Wehrdome erinnert. Der Rathausturm erheischt die Aufmerksamkeit des Reisenden, der den Rhein hinauf oder hinunter fährt. Er behauptet sich gegen die mächtigeren Kirchtürme. Der Bürgerarchitekt zeigt in ihm, daß er das kirchliche Architekturvokabular beherrscht, jedoch separat und andersartig auf einer Erhebung trotzig und doch elegant bauen wollte.

Die spitze Nadel des Dachreiters der Minoritenkirche schiebt sich zwischen Rathausturm und Groß St. Martin. Aus einem mit zweigeschossigen romanischen Blendarkaden und einer Zwerggalerie versehenen Kleeblattchor streckt sich der mächtige Vierungsturm von Groß St. Martin empor. Charakteristisch seine eingeknickte spitze Haube und die umgebenden Trabantentürmchen mit ihren giegebelten Faltdächern.

Etwas frech behauptet sich zwischen Groß St. Martin und den spitzigen Doppeltürmen des Doms der neue Fernmeldeturm Colonius, der vom Rhein jedoch einige Kilometer entfernt ist. Wie eine Glucke lagert der gotische Dom über allen Altstadthäusern und seiner Umgebung. Der viereckige, kuppelgezierte Turm rechts vom Dom gehört zur Himmelfahrtskirche, einer der berühmtesten Kirchen Deutschlands im Jesuitenstil.

Vor allen Türmen liegen spitzgiebelige Altstadthäuser, die architektonische Motive ihrer im Krieg zerstörten Vorgängerbauten in moderner Mundart weiterführen. Viele zum Rhein weisende Giebel sind verschieden hoch und ergeben auch in ihrer unterschiedlichen Farbigkeit von weiß über hellblau ein vielfältiges Bild. Breit zwischen Groß St. Martin und Dom in der vordersten Häuserreihe legt sich der Riegel des Stapelhauses nach seinem veränderten Wiederaufbau.

Die Rheinuferstraße zwischen Rhein und Altstadt ist untertunnelt. Der Rheingarten darüber wird in der Mitte der 80er Jahre fertig sein. Der Blick vom Schiff oder von der Deutzer Seite auf das Kernstück des Kölner Rheinpanoramas zwischen Deutzer und Hohenzollernbrücke ist ein unvergeßlicher Blick in das Herz einer Stadt. Das Panorama wurde speziell im 19. Jahrhundert auf einer Unzahl von Stichen festgehalten. Köln ist hier als Gesamtanlage faßbar. Über Jahrhunderte hinweg spielte sich der Hafenverkehr der Stadt vorwiegend in diesem Bereich ab. Die Bilder vom Panorama Kölns von damals wirken verklärend und romantisch. Es gab jedoch nicht nur Wohlgerüche auf diesem Uferstück von Köln. Wir sind heute dem in der Romantik dazuempfundenen idealen Stück Rheinfront näher als damals.

A FOREWORD TO BE READ

Texts contained in pictorial books relating to Cologne usually give an introduction to the history of this city. However, in this book, the history of Cologne is found on the last few pages only. Pictorial books are not some form of historical atlas, and the authors of the present book wrote it for several reasons: those who already know Cologne are to be shown some unusual aspects and those who do not yet know this city are to be made to develop an appetite for sampling it. This book is not supposed to be some stale collection of facts. The object is to please the eye and to stimulate the mind: if you live in Cologne you live in a complex. If you do not live there and if you do not know it, then it is high time to visit this magic city. You will learn something there.

The people of Cologne are experienced city dwellers. With "Cologne"-experience you can manage in almost any part of the world. Some 20,000 natives of the City have left home at some time to live abroad. They often write home. They miss their home town, they miss the pubs round the corner, the old part of the city, the Cathedral, the Stadtwald town forest, the Hohe Straße shopping street and the medieval district of St. Severin. Learning to know the city and learning a life of uninhibited criticism in their own city has given them a foundation for the wide world which is unshakeable. A portion of genuine humanity typical of Cologne and a feeling for getting things in proportion has opened the doors to them everywhere. This is a kind of "Cologne yardstick" which every native of Cologne has with him, a yardstick which is universally applicable and which can even be "stretched" at times.

The Heavens cannot be a lot more beautiful than this semi-circle of a city. Nevertheless, we must acknowledge that some areas of Cologne look grubby. On the other hand, this is something it has in common with other cities, Rome, Paris and London for example, just to mention a few. Where there is muck, there's something happening, to modify an English proverb. A city like Cologne cannot be dressed up like some tidy provincial township. Nevertheless, there are many things in the city which appear to be looked after with much more love than in many other cities. The people of Cologne have the right touch for finding out life's pleasant side. There is always the feeling that the mothers want to teach their children just that.

Cologne is also a remarkable city of collectors. If one were to carry out a market research study in this aspect one would find that Cologne is a city where there are more collectors than anywhere else — and with every size of purse. There is a lot of specialised art collecting, and in the whole of the world there can be no other city with more than 8 municipal museums which derive their treasures from donations of the citizens. However, there are also many collectors of things that are, on the face of it, irrelevant objects, whose collections nevertheless make sense and give pleasure.

The limited number of pages of this book make it impossible to cover every area and so we had to restrict ourselves. The chapter "Panorama" endeavours to look at the perceptible features of the city as the pedestrian might see them, and from the air. "Arrival in Cologne" shows the most important elements of the city as one might see them arriving by car.

Cologne is a treasury which provides the visitor with a history of art in miniature, because of the riches which are to be found there. In this chapter one is spoilt for choice. Fifty further, similar chapters could be written about Cologne, but with a different content. If a skilled selection is made from the riches of Cologne for each, they would be in no way inferior to the ones in this book in terms of sheer value of the treasures. Cologne possesses treasures of other eras which are almost as rich as the ones described here. There was no room to talk about the Franconian burial treasures in Cologne which are outstanding. In vain would the reader look for the forked crucifix of St. Maria im Kapitol, important in iconographic terms, or the funeral plate of Plektrudis and of the Eleusa in the same church. The multitude of Chinese laquer work and other unusual treasures in the Museum for East Asian Art, the interminable chain of significant works in the Rautenstrauch-Joest-Museum, and the treasures in the Schnütgen-Museum and the Diocesan-Museum can only be referred to in passing. References to the many activities of the foreign cultural institutes operating in Cologne fell victim to the editor's pen. Virtually the entirety of private museums and collections including those in the university had to be disregarded.

The church treasures in Cologne alone would be sufficient justification for weeks of visits and yet they are hardly mentioned. And the chapter "Cologne Lives" lacks many other elements. Where is the life of the more than fifty art galleries, the life of the some of the highly specialised antique dealers with their centres in the St. Apernstraße and the area between this road and the WDR Broadcasting House and the accummulation of similar shops in the old part of the city? There is also room in living Cologne for many books. There is a small shop called Müngersdorff, specialising in different types of honey and this alone would be worth a whole book — or there is "Pfeifen-Heinrich", who is visited by clients from thousands of miles away — all to buy a pipe.

The rich music and theatre life of the city is also not referred to, with the exception of some of the buildings in which it happens. A pictorial book with motives from this area would have introduced too much that can be confused with the life of other cities without in any way touching the quality of the Cologne music scene. There are also some sad gaps among the churches and among more profane architecture, as well as in other areas. In terms of emphasis the Romanesque churches are mentioned. They form the spiritual and visible foundations of this city. There is no other city in the world with a greater number of significant Romanesque churches than Cologne. It is without difficulty that one can identify a dozen major churches with Romanesque overtones. Many small ones could be added. Virtually all the churches have suffered the ravages of war, but it is hoped that by 1985 the most important of them will have been restored.

It is a good thing that Cologne cannot be just "ticked off", so to speak. It contains material for a complete shelf of books. There would even be enough material for a book about ugly gaps in Cologne. But that sort of book would have to be written soon because they have a tendency to disappear. One thing that is difficult to photograph is the humour of Cologne. Artists like Woensam, who, in 1531, created the engraving inserted at the end of this book to remind the reader of the old Cologne, had some difficulty with it. Not even the translation of the text of the Woensam engraving (39 boxes with writing in Latin) makes any reference to some kind of humour. You, dear reader, will just have to accept that Cologne has an exceptional humour, and then you must go and see for yourself that it is really there. Much which is quite impossible in other cities is possible in Cologne – with a wink of the eye. This wink of the eye reaches the highest circles, right up to the Dean of the Cathedral and to the Burgomaster of the City. However, anyone thinking he might get the better of a native of Cologne because of his humour and because of his proverbial tolerance is mistaken. Much is taken and much is accepted, and there is much else which is criticised, just as it is in Florence. To be well dressed is not sufficient in this city. If you wish to stand up in Cologne you need to do a good day's work as well. Not only work of course. Criminality is also rife in Cologne but even there some tricks are found which could not have been invented in any other city.

THE PANORAMA

Cologne is the largest city on the German Rhine and has almost a million inhabitants. These include 120,000 foreigners, often better integrated than anywhere else. The city integrates people easily, it only demands adjustment from them, and some inclination to participate. Escape from the city is also easy for those who want to go to the country, whether it be the Bergisches Land or whether it be the Eifel (the German part of the Ardennes). Cologne sports two types: one goes to the Eifel, the other swears by the Bergisches Land. One of them likes the rougher countryside, the other prefers rounded hills with forests. Holland, Belgium and the North of France are virtually outside the front door and are popular destinations of frequent visits. And the neighbours like to come to Cologne. In some German "Länder" one can get the feeling that the heads, peering out of aeroplanes have a square look about them. Not so when you fly to Cologne: the squareness seems to disappear as you get closer to the centre. The only angular things in Cologne are the gables of the houses in the old part of the town.

This city is accommodating — the only thing you have to do is to be allowed to be accommodated. If you come to Cologne and you believe we have lied to you, then give us a ring and we'll fix a date for a complaint. One of us will be there. And now let's finish with the introduction and the navel contemplation.

First the Coat of Arms of Cologne, then we can start with the Panorama:

Cities tend to have landmarks. Cologne has a lot more. It has a panorama. It is unmistakeable. If there were to be a competition about the panorama of great cities of the world, then Hong Kong, Rio de Janeiro and Cologne would be among the first three. In Germany, Cologne is the only major city with a distinct panorama. This is not a facade added to the city like the one at Collodi in Italy. It is not the type of facade which is found in front of the structure of some Baroque churches, pretending to the visitor something enormous. Cologne enjoys a scaled panorama with architectural features which look as if top architects had been in collusion for centuries — architects who did not know each other but who had a deep respect for each other. The many towers of the old panorama of 1531, the towers from the engraving of Anton Woensam from Worms (see pull-out at the end of the book) no longer exist. Fires, wars, carelessness, new needs have caused many of them to go under. However, throughout centuries the solid, graduated triad of the towers of the Rathaus, Groß St. Martin and the Cathedral has become a dominant feature. The casual viewer might think that the tower of the Rathaus (1407—1414) looks a bit like a church tower. It resembles the Flemish "Beffrois", takes on some sacral elements, and slightly resembles the tower of Groß St. Martin (1220) which, with its lofty, towered squareness resembles a Norman keep. The tower of the Rathaus demands the attention of the traveller, whether he travels up the Rhine or down. It stands up to the all-powerful church towers. The civic architect used it to show that he was in command of the language of the church architect but that he wanted to build something different, something separate, something that stood up in its own right but which was nevertheless elegant.

The spire of the ridge turret of the Minoritenkirche pushes between the Rathaus tower and Groß St. Martin. The mighty, square tower of Groß St. Martin soars up from a Romanesque three-conch choir with two-storied arcatures and a miniature gallery. Its panelled spire and the four satellite towers with gabled, fold-like roofs are characteristic features.

The new telecommunications tower "Colonius" stands cheekily, though assertively between Groß St. Martin and the pointed twin spires of the Cathedral, even though it is at a distance of several kilometres from the Rhine. The Gothic Cathedral sits above the houses of the old town and its environs, almost like a broody hen. The square, cupola decorated tower to the right of the Cathedral is part of the Himmelfahrtskirche, one of the most famous German churches in the Jesuit Baroque style.

In front of all these towers there are the tall, gabled houses of the old town, houses which perpetuate the architectural features of their predecessors destroyed in the war, but in a modern idiom. The many gables facing towards the Rhine differ in height and, with their different hues ranging from white to bright blue, represent a richly varied picture. Between Groß St. Martin and the Cathedral, in the foremost row of houses, there is the rigid bar of the Stapelhaus (the Staple House) in changed, reconstructed form.

The road along the river between the Rhine and the old part of the city now has a network of tunnels underneath. The Rhine gardens above will be completed by the mid Eighties. The view from a boat on the river or from the other side of the Rhine (the "Deutz" side) to the centrepiece of the Rhine panorama of Cologne between the Deutz Bridge and the Hohenzollern Bridge is an unforgettable sight of the heart of the city. This panorama has been recorded in innumerable engravings, particularly in the nineteenth century. Here Cologne can be perceived as an entirety. For centuries the port business of the city took place mainly in this area. The pictures of Cologne's panorama of the time appear romantic and almost transfigurative. However, at that time, the river bank quarter of Cologne was not just full of sweet smells. Today we are much nearer to the true romantic nature of this piece of Rhine front than in the days of old.

PRÉFACE – ELLE MÉRITE UNE LECTURE

Les textes d'ouvrages illustrés sur Cologne retracent en général l'histoire de la ville. Dans le présente édition l'histoire est reléguée à la fin du livre, car nous pensons qu'un ouvrage illustré a d'autres objectifs qu'un atlas historique. Les motivations? Celles des auteurs du présent ouvrage ont été diverses. Préciser certains contextes peu connus même des amateurs de la ville, éveiller l'appétit de ceux qui ne la connaissent pas ou presque pas. Eviter pour ce faire le remugle d'un banal alignement de faits. L'œil percevra et transmettra ses visions à l'esprit: vous qui habitez Cologne, vous vivez dans un petit univers multicolore, vous qui n'avez pas la chance d'y habiter, hâtez-vous de visiter cette ville magique. Ce sera à coup sûr un enrichissement.

Les Colonais sont des citadins de longue tradition. Celui que la ville a frappé de son empreinte fera son chemin un peut partout dans le monde. Près de 20 000 Colonais ont quitté leur ville à un moment donné sans jamais interrompre la correspondance avec leur ville natale, qui leur manque tout comme les bistrots du coin, la vieille ville (Altstadt), le cathédrale, la Cologne verdoyante (Stadtwald), la «Hohe Straße», une rue commerçante piétonne, tout comme le quartier type de la ville, «Severinsveedel» en patois colonais. L'apprentissage qu'ils ont fait de leur ville, d'un esprit aussi pétillant que critique, leur a conféré des bases inébranlables pour leur vie à l'étranger. Une bonne dose de cordialité colonaise, un agissement avec mesure, rien de surprenant que les portes du monde leur soient ouvertes. Cette «jauge» bien colonaise que tous les habitants semblent posséder, cette jauge servira de bonne mesure un peu partout.

Le charme que déploie l'hémicycle de la ville n'a d'égal qu'au paradis (ou presque). Certes, nous n'ignorons pas que Cologne fait sale par endroits, tout comme la Rome éternelle, comme Paris ou Londres. On ne peut pas faire une omelette sans casser d'œufs. Une ville comme Cologne ne peut être ravalée à la manière d'une ville enchantée de province. Pourtant bien des choses semblent mieux tenues en estime qu'ailleurs. Les Colonais ont le courage de prendre goût à la vie, une recette que toutes les mères semblent transmettre à leurs enfants.

Cologne se distingue également par son nombre de collectionneurs. Une enquête le confirmerait: à Cologne on collectionne plus qu'ailleurs — suivant l'importance de la bourse bien entendu — surtout de grandes œuvres d'art. Où y-a-t-il encore une ville régissant plus de huit musées, dont les donations sont pour la plupart de provenance bourgeoise. Puis il y a les collectionneurs d'objets apparemment anodins ce qui n'amenuise en rien le plaisir empreint de bon sens.

Dans cet ouvrage vous ne trouverez bien sûr qu'une petite sélection de tous les aspects possibles. Dans le chapitre «panorama» nous avons essayé de visualiser les points caractéristiques de la ville, une fois avec les yeux d'un piéton, une fois à la manière d'un oiseau. «L'arrivée» à Cologne dévoile les vues les plus importantes de la ville — à celui qui y entre en voiture. «Les trésors» de Cologne donnent un petit aperçu chronologique des plus importantes œuvres d'art. Le choix a été particulièrement pénible. On pourrait rédiger encore 50 chapitres avec, à chaque fois, des œuvres différentes, mais de valeur quasi égale. La place manquait pour parler encore des trésors sépulcraux de l'époque franque, du crucifix de l'église «St. Maria im Capitol», important témoin de l'iconographie, de la dalle funéraire de Plektrudis ou encore d'Eleusa dans la même église. Plus de place pour faire valoir les nombreuses laques chinoises, les innombrables trésors des musées «Museum für Ostasiatische Kunst», «Rautenstrauch-Joest-Museum», «Schnütgen-Museum», «Erzbischöfliches Diözesan-Museum». Nulle mention n'a pu être faite des nombreuses activités des instituts culturels étrangers à Cologne. Il en a été presque de même des musées et des collections privés, même au sein de l'université. Rien que les trésors des églises justifieraient des visites des semaines durant, on n'en parle que peu ici. Prenons les omissions obligatoires sous le chapitre «Une ville animée»: on ne parle pas de l'animation par plus de 50 galeries, par des antiquaires hautement spécialisés entre la rue St. Apernstraße et la radio WDR, des nombreux antiquaires dans le vieille ville. Cette Cologne pétillante inspirera encore bien des auteurs. Prenons p.e. le magasin Müngersdorff spécialisé dans le miel. De sa palette on ferait bien un petit livre. Ou encore le magasin de pipes «Pfeifen-Heinrich» dont la clientèle accepte volontiers des vols de mille kilomètres et plus.

Et on ne parle pas ou presque pas de la Cologne musicienne et théâtrale, sinon pour présenter quelques édifices. Dans un ouvrage illustré il faut renoncer à ces motifs, la similitude avec d'autres villes serait trop grande, à vouloir faire ressortir la haute qualité surtout du théâtre de musique de la ville. De douloureuses lacunes également parmi les églises mentionnées, dans l'architecture profane et ailleurs. Il y a une prépondérance des églises romanes qui constituent en quelque sorte les remparts spirituels et optiques de la ville. Aucune autre ville ne réunit autant d'églises romanes importantes, plus d'une bonne douzaine, nombre auquel s'ajoutent encore des églises d'importance moindre de la même époque. Presque toutes les églises ont souffert de la guerre. Jusqu'en 1985 on espère avoir restauré les plus importantes.

Cologne n'est pas, heureusement, un exercice qu'il suffit de pointer à sa fin, elle offre encore matière pour nombre d'ouvrages. Même sur les «trous» dans l'architecture de la ville. Il faudrait cependant faire vite avec un tel ouvrage, car beaucoup de choses sont en train de changer.

L'humour colonais. Un trait qui se prête mal à la reproduction visuelle. Même d'éminents artistes ont dû le constater, tel le peintre Woensam, dont vous verrez à la fin du présent ouvrage une gravure de la vieille Colonia, gravure exécutée en 1531. Même la transcription enfin réussie des 38 cases d'écriture latine figurant dans la gravure ne révèle rien qui ait trait à l'humour. Il faut, cher lecteur, y croire au départ pour s'en convaincre par la suite, lors d'une visite. Ce clin d'œil du laisser-faire souriant permet des choses impossibles dans d'autres villes. Un clin d'œil souriant qui est celui du prieur comme celui du premier maire de la ville. Mais celui qui croit pouvoir damer le pion à ces Colonais teints d'humour et de tolérance, se trompe. C'est vrai on supporte beaucoup dans cette ville, mais l'esprit y est aussi critique qu'à Florence. Réussir à Cologne est un assez dur labeur. Mais il n'y pas que cela. La criminalité, elle aussi, est une réalité de la ville, mais certaines astuces n'auraient sûrement pas vu le jour ailleurs.

LE PANORAMA

Cologne, avec son million d'habitants, est la plus grande ville sur le Rhin allemand. Parmi eux elle compte 120 000 étrangers qui sont – pour la plupart – mieux intégrés qu'ailleurs. Dans cette ville cela va vite, il suffit d'un rien d'adaptabilité et de bonne volonté. La nature est pour ainsi dire aux portes de la ville: l'Eifel et le «Bergisches Land», deux pôles d'attraction pour deux sortes de Colonais: pour ceux qui aiment les charmes plus rudes ou bien ceux qui préfèrent la douce silhouette de collines boisées. La Hollande, la Belgique et le Nord de la France se trouvent à deux pas. Le tourisme va dans les deux sens. Vue de l'avion mainte ville allemande présente une armée de «têtes» carrées au spectateur, tandis que celles de Cologne semblent s'arrondir au fur et à mesure qu'on approche du centre. Il n'y a plus que les pignons des vieilles maisons à présenter un aspect anguleux.

Une ville câline pour ceux qui savent s'y prendre. Si «votre» Cologne vous fait croire que nous avons menti, venez nous voir et portez plainte. Vous trouverez toujours quelqu'un. Trêve d'introduction et d'auto-accusation . . . . commençons par le panorama.

Presque toutes les villes ont des emblêmes. Cologne n'a pas que cela, elle a un panorama, unique. S'il fallait organiser un concours parmi les grandes métropoles du monde, Hongkong, Rio de Janeiro et Cologne occuperaient les trois premières places. En Allemagne Cologne est la seule métropole ayant un panorama accentué. Cè n'est pas une façade dont on a revêtu une ville comme celle de Collodi en Italie. Ce n'est pas non plus une façade simulant le gigantisme en camouflant les églises baroques. Cologne a un panorama échelonné avec, à chaque étape, des accents architecturaux – comme si, à travers les siècles, les architectes avaient pris contact les uns avec les autres, des maîtres qui ne se connaissaient point mais qui se tenaient en estime. Les nombreuses tours du panorama de 1531 qu'exécuta le peintre Woesam de Worms (voir volet à la fin du livre), ont disparu, victimes de guerres, d'incendies, d'imprudences. Parfois aussi elles ont dû céder à des impératifs nouveaux. Mais il y a la tour de l'hotel de ville, Groß St. Martin et la cathédrale, un triple accord échelonné de bon aloi qui a été conservé au-delà des siècles. Au premier regard la tour de l'hôtel de ville passe pour un clocher (1407–1414), avec ses beffrois de Flandre, avec ses éléments sacraux, semble vouloir s'aligner sur la tour de Groß St. Martin (1220) dont le carré de clochetons rappelle les valides tours normandes. La tour de l'hôtel de ville éveille la curiosité de ceux qui longent le Rhin en bateau, en aval ou en amont. Il ne perd rien face à des clochers beaucoups plus imposants.

L'architecte profane qui l'a conçue, tout en étant maître de l'architecture sacrale, l'a érigée sur une éminence soulignant ainsi son apparence insolite et son style élégant.

La pointe du clocheton de l'église «Minoritenkirche» semble s'être glissée entre les tours de l'hotel de ville et de Groß St. Martin. L'imposante tour de croisée de Groß St. Martin émerge d'un chœur quadrifolié paré d'arcades romanes à deux étages et d'arcatures. Son signe de marque: la calotte cornée et la ceinture de tourelles avec leurs toits «dépliants» à pignons.

Un Colonius fort hardi entre Groß St. Martin et les doubles tours pointues de la cathédrale: la nouvelle tour des télécommunication se trouvant cependant à quelques kilomètres du Rhin. Telle une couveuse: la cathédrale gothique surplombant les maisons de la vieille ville. La tour carrée à coupole, à droite de la cathédrale est celle de l'église Himmelfahrtskirche, une des plus connues d'Allemagne pour son style jésuite.

Juchées au pied des tours: le maisons à pignons pointus de la vieille ville, la reprise moderne d'une tradition qui a succombé à la guerre. Les pignons tournés vers le Rhin ont tous des hauteurs différentes et – avec leurs coloris divers – ils forment un tableau pittoresque. Dans la première lignée de maisons, entre Groß St. Martin et la cathédrale: la Stapelhaus (dépôt) reconstruite, large et imposante.

L'avenue longeant le Rhin, la Rheinuferstraße, passe sur un tunnel au niveau du Rhin et de l'Altstadt. Le parc du Rhin y sera aménagé vers le milieu des années 80. La vue à partir du bateau ou du quartier de Deutz sur le centre du panorama de Cologne, entre les deux ponts Deutzer- et Hohenzollernbrücke: une vue inoubliable tout droit au cœur d'une ville. Ce panorama est retenu sur un grand nombre de gravures, surtout du 19e siècle. La Cologne entière y devient saisissable. Des siècles durant la vie portuaire de la ville se déroule surtout dans ce secteur. Les panoramas d'antan semblent aujourd'hui quelquepeu romantiques, transfigurés. Les odeurs du port vexaient alors plus d'une narine sensible. Nous sommes plus proches aujourd'hui de cette transfiguration romantique que dans le temps.

DAS WAPPEN VON KÖLN — THE CITY OF COLOGNE COAT OF ARMS — LES ARMES DE COLOGNE

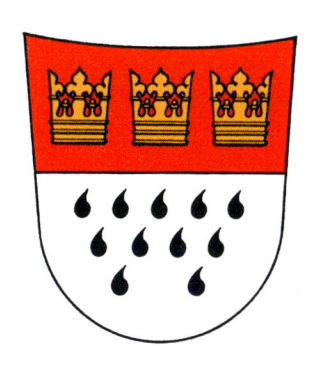

Die ältesten erhaltenen Darstellungen des stadtkölnischen Wappens stammen aus dem 14. Jahrhundert. Sein geteilter Schild trägt oben in rot drei goldene Kronen, Sinnbild der Hl. Drei Könige, der Schutzpatrone der Stadt. Das untere weiße (silberne) Feld war leer bzw. damasziert. Daraus entstand Hermelin-Pelzwerk mit elf schwarzen Schwänzen, die mit der Zeit als elf Flammen gedeutet und auf die elftausend Begleiterinnen der britannischen Prinzessin St. Ursula bezogen wurden, die nach der Legende vor den Toren Kölns durch die Hunnen das Martyrium erlitten. Der Reichsadler mit dem Dreikronenbrustschild kommt seit 1433 in privaten Darstellungen vor. Amtliches Kölner Stadtwappen wurde er durch Beschluß des Kölner Rates 1818, um daran zu erinnern, daß Köln von 1475–1798 eine freie Reichsstadt war. Aus dem Jahre 1897 datiert die gegenwärtige Fassung.

The oldest existing pictorial representation of Cologne's coat of arms originated in the 14th Century. The red upper section of the horizontally divided shield bears three golden crowns, symbolizing the presence of the Magi, Cologne's patron saints. The white-coloured lower section was either empty or damasked; later on it received an ermine-cover with eleven black tails. These were in the course of time interpreted as eleven flames, symbols of the martyrdom of the British princess St. Ursula and her escort of 11,000 maidens who, according to legend, were slain by the Huns near Cologne. From the year 1433 on the Imperial Eagle appears on private reproductions. However, it was made an official heraldic figure of Cologne's arms by decision of the city council only in the year 1818, as a remembrance of the fact that Cologne had held the status of a free Imperial City from 1475–1798. The present draft dates back to the year 1897.

Les plus anciennes reproductions des armes de la Ville de Cologne qui nous ont été conservées datent du 14e siècle. L'écu est divisé en deux parties: la partie supérieure porte en champ rouge trois couronnes en or, symbole des Rois Mages, patrons de la ville. Le champ d'en bas était de blanc (ou d'argent) et vide, ou damasquiné. D'ici l'origine d'une pelleterie d'hermine avec 11 queues noires, interprétées plus tard comme 11 flammes, symbolisant les onze mille compagnes de la princesse britannique Ste. Ursule, qui, selon la légende, sont mortes, martyres de leur foi, assassinées par les Huns devant les portes de Cologne. On retrouve l'aigle impériale avec le bouclier à trois couronnes dans des reproductions privées depuis 1433. Cette présentation devient la forme officielle des armes de la ville par décret du Conseil en 1818, en commémoration du fait que Cologne était ville libre de 1475 à 1798. La forme actuelle date de l'année 1897.

DAS PANORAMA

THE PANORAMA

LE PANORAMA

DAS PANORAMA

THE PANORAMA

Rheinpanorama von Norden: Links Rheinpark und Messeturm. Über dem linken Bogen der dreibogigen Hohenzollernbrücke der spitze Turm der Severinskirche. Fernmeldezentrum zwischen Rathaus und Dom. Breiter neoklassizistischer Bau der Eisenbahndirektion am Rheinufer. Doppeltürme von St. Kunibert, rechts daneben WDR, davor Himmelfahrtskirche. Am Rhein das Basteirestaurant.

Rhine panorama from the North: To the left the Rhine Park and the Trade Fair Tower. Above the left arch of the Hohenzollern Bridge which has three arches, the pointed tower of St. Severin can be seen. The telecommunications centre will be found between the Rathaus and the Cathedral. On the bank of the river the broad, neo-classicist facade of the Railway Headquarters. Then there are the twin towers of St. Kunibert, and to the right of them there is the WDR Broadcasting House with the Himmelfahrtskirche in front. Right on the River's edge the circular restaurant "Die Bastei" can be seen.

Le panorama du Rhin vu du Nord: A gauche le «Rheinpark» et la tour de la Foire (Messeturm). Au-dessus de la voûte gauche du pont à trois voûtes, le Hohenzollernbrücke: la tour pointue de l'église Severinskirche. Le centre des télécommunications entre l'hôtel de ville (Rathaus) et la cathédrale. Large édifice néo-classiciste: la direction des chemins de fer sur le Rhin. Les doubles tours de St. Kunibert, à sa droite la radio WDR, devant l'église de l'ascension (Himmelfahrtskirche). Directement sur le Rhin: le restaurant rond «Bastei» (bastide).

LE PANORAMA

Rheinpanorama von Süden: Links neben dem Rathausturm der Turm der Kirche St. Andreas. Deutzer Brücke. Gewölbte Perronhalle des Bahnhofs rechts neben Groß St. Martin. Über dem linken Bogen der Hohenzollernbrücke St. Agnes und Gerlingturm, Doppeltürme von St. Kunibert. Rechtsrheinisch zunächst Messeturm. Zwei Großgebäude: Hauptverwaltung der Deutschen Lufthansa AG in Köln-Deutz. Drittes Großgebäude im Hintergrund Colonia-Hochhaus.

Rhine panorama from the South: To the left of the Rathaus-tower the tower of the church of St. Andreas. The Deutz Bridge. Then the glazed arch of the platform canopy of the station, almost adjacent to Groß St. Martin. Above the left arch of the Hohenzollern Bridge St. Agnes and the tower of the Gerling insurance group, the twin towers of St. Kunibert. On the right hand side of the River first of all the Trade Fair Tower. Two modern high-rise buildings: The Headquarters of Deutsche Lufthansa AG in Deutz and, as a third building in the background, the Colonia-Hochhaus.

Le même panorama vu du Sud: A gauche de la tour de l'hôtel de ville celle de l'église St. Andreas. Le pont «Deutzer Brücke». Hall voûté de la gare à droite de «Groß St. Martin». Au-dessus de la voûte gauche du Hohenzollernbrücke: St. Agnes et la tour Gerling, les doubles tours de St. Kunibert. Sur la rive droite: la tour de la Foire (Messeturm). Deux grands immeubles. L'administration de la Deutsche Lufthansa AG à Köln-Deutz. Un troisième immeuble à l'arrière-plan: la Colonia-Hochhaus.

DIE STADT

THE CITY

Blick vom Süden auf Köln, unten links Straßenzug Neue Weyerstraße. Rechte untere Ecke Kirche und Kloster St. Pantaleon. Mächtiger runder Wasserturm nördlich des Straßenzuges. Linke obere Bildhälfte Oper mit schräger Fassade und Schauspielhaus. Darüber WDR-Gebäude. Dom. Höchstes Gebäude am Rheinufer Colonia-Hochhaus. Rechtsrheinisch: Rheinpark mit Zoobrücke und Gebäude der Köln-Messe.

View of Cologne from the South. Bottom left Neue Weyerstraße. Bottom right hand corner: church and monastery of St. Pantaleon. The mighty, circular water tower to the North of the line of this road. Left upper half of the picture: the Opera House with its inclined facade, and the more recent Play House. Above: the WDR-Broadcasting Building, the Cathedral and, the tallest building on the bank of the river, the Colonia-Hochhaus. Right bank: Rhine Park with Zoo bridge and the exhibition halls of the Cologne Trade Fair Centre.

Vue méridionale de la ville, avec en bas à gauche la Neue Weyerstraße. Dans l'angle inférieur droit, l'église et le cloître St. Pantaleon. Château d'eau à l'architecture ronde et puissante au nord de la Neue Weyerstraße. Sur la partie supérieure gauche de l'image, l'opéra, avec sa façade oblique, et le théâtre. Puis le bâtiment de la WDR. La cathédrale. Le Colonia, la plus haute construction sur les berges du Rhin. Sur sa rive droite, le Rheinpark avec le pont du zoo et le bâtiment de la foire de Cologne.

Schrägansicht der Altstadt. Links Deutzer Brücke und Heumarkt, oben links Dreikonchenanlage von St. Maria im Kapitol. Über dem mittleren Steiger Dreikonchenanlage von Groß St. Martin, darüber Rathauskomplex. Rechts neben Groß St. Martin die „neue Altstadt" von Joachim und Margot Schürmann.

Oblique view of the old city. On the left, Deutz Bridge and Heumarkt, top left: St. Maria im Kapitol with its three-conch choir. At the centre the trefoil structure of Groß St. Martin and above it the Rathaus complex. On the right, adjacent to Groß St. Martin, the "New Old City", by the architects Joachim and Margot Schürmann.

Vue oblique de la vieille ville. Le Deutzer Brücke et le Heumarkt, en haut à gauche. Triconque de «St. Maria im Kapitol». Au-dessus, triconque de «Groß St. Martin», et derrière le complexe abritant les locaux de la mairie. A droite, à côté de «Groß St. Martin», la «nouvelle vieille ville» dessinée par Joachim et Margot Schürmann.

LA VILLE

Severinsviertel. Die Severinstraße führt in der Bildmitte von Norden vorbei an der Kirche St. Severin und endet am Severinstor. Südlich davon Chlodwigplatz und Bonner Straße. Rechter Bildrand: Großbauten der ehemaligen Stollwerckfabrik. Gotische Karthäuserkirche in der linken oberen Bildecke.

St. Severin quarter. The Severinstraße can be seen at the centre of the picture and, passing from the North past St. Severin and ending at the Severinstor. Towards the South the Chlodwigplatz and Bonner Straße. Right edge of the picture: former Stollwerck factory buildings. The gothic Karthäuserkirche in the top left corner of the picture.

Le quartier St. Séverin. Au milieu de la photo, la Severinstraße passe devant l'Eglise St. Séverin et aboutit à la Severinstor. Au sud, la Chlodwigplatz et la Bonner Straße. Sur le bord droit de l'image: les bâtiments imposants de l'ancienne usine Stollwerck. De style gothique, la Karthäuserkirche, dans l'angle supérieur gauche.

Blick auf das Neubaugebiet um das Colonia-Hochhaus, Mülheimer Brücke mit Mülheim am Rhein, das seit 1914 zu Köln gehört. Breites Band der Inneren Kanalstraße mit Eis- und Schwimmstadion im inneren Grüngürtel. Südlich des Colonia-Hochhauses Zoologischer und Botanischer Garten mit dem Gebäude der Flora.

View of the new settlements round the Colonia-Hochhaus, Mülheim Bridge and Mülheim on the Rhine, which has formed part of Cologne since 1914. The broad band of the Innere Kanalstraße with the ice-rink and the lido in the inner Green Belt is clearly visible. South of the Colonia-Hochhaus the Zoological and "Flora" Botanical Gardens with their buildings.

Vue sur les bâtiments neufs entourant l'immeuble Colonia, sur le Mülheimer Brücke et Mülheim am Rhein, rattachée à Cologne en 1914. Ruban large que forme la Innere Kanalstraße avec sa patinoire et sa piscine dans la ceinture verte intérieure. Au sud de l'immeuble Colonia, le jardin zoologique et botanique avec pavillon de la flore.

DIE STADT — THE CITY

▽ Blick von Osten auf das abgetreppte Gebäude des Deutschen Städtetages (1969 – 73, J. Schürmann) im Kölner Villenviertel Marienburg.

View from the East of the stepped building of the Deutsche Städtetag (1969 – 73, J. Schürmann) in Cologne's "Villa Quarter" of Marienburg.

Vue photographiée de l'est, sur le bâtiment en gradins du Deutscher Städtetag (construit de 1969 à 1973 par J. Schürmann), situé dans le quartier résidentiel de Marienburg.

Blick von Südosten auf die Kreuzung Sachsenring – Vorgebirgstraße – Ulrichgasse. Spitzgedeckter ehemaliger Mühlenturm der Ulrepforte, eines Teils der mittelalterlichen Stadtbefestigung, die im 19. Jh. einen Festungsvorbau erhielt. Heute Sitz der Karnevalsgesellschaft „Rote Funken von 1823 e.V.". △

View from the South East of the Sachsenring – Vorgebirgstraße – Ulrichgasse crossing. There is the former mill tower of the Ulrepforte with its pointed circular roof which forms part of the medieval wall of the city which had a fortress extension added in the nineteeth century. Today this is the headquarters of the carnival society "Rote Funken von 1823 e.V."

Carrefour, pris du sud-est, ou se coupent le Sachsenring, la Vorgebirgstraße et la Ulrichgasse. Ancien moulin à toit pointu de la Ulrepforte, laquelle faisait partie de la fortification moyenâgeuse ceinturant alors la ville. Cette fortification fut complétée d'un avant-corps au XIXème siècle. Aujourd'hui, c'est là que siège la société du carnaval «Les étincelles rouges de 1823, association déclarée».

LA VILLE

Blick von Westen auf das Dekagon und die Doppeltürme von St. Gereon mit Gereonsdriesch. Im Vordergrund rechts Gerlingkonzern. In der Grünanlage links oben das Erzbischöfliche Haus. Rechts in der Ecke das mächtige Geviert der Regierung.

View from the West of the decagon and the twin towers of St. Gereon with Gereonsdriesch. In the foreground on the right hand side, the Gerling Group Buildings. In the gardens to the left at the top, the Residence of the Archbishop. To the right in the corner, massive government offices.

Vue, prise de l'ouest, sur le Dekagon et les tours jumelles de St. Gereon avec le «Gereonsdriesch». Au premier plan, à droite, le konzern Gerling. En haut à gauche, dans l'espace vert, la maison archiépiscopale. Dans le coin, à droite, l'imposant bâtiment rectangulaire du gouvernement.

Sternförmige spätklassizistische Straßenanlage in der südlichen Neustadt nach Plänen des Architekten H. J. Stübben nach 1891. Blick von Norden nach Süden auf die baumbestandene Mainzer Straße. Links Parkanlagen des Römerparks (1895 – 98 von Kowallek).

Star-shaped, late classicist street architecture in the Southern part of the new city after plans of the architect H. J. Stübben, 1891. View from the North to the South and of the tree-lined Mainzer Straße. To the left the park area of the Römerpark (1895 – 98 designed by Kowallek).

D'un style post-classique, les rues en étoiles de la nouvelle ville méridionale, conçues selon les plans de l'architecte H. J. Stübben après 1891. Vue du nord au sud de la Mainzer Straße, bordée d'arbres. A gauche, les terrains du Römerpark (plans tracés de 1895 à 1898 par Kowallek).

ANKUNFT IN KÖLN — ARRIVAL IN COLOGNE

◁ Einfahrt von Osten nach Köln – die laternenbestandene Autobahn aus Olpe/Oberhausen zur Zoobrücke mit der Silhouette der Domtürme.

Arriving in Cologne from the East – the well-lit Autobahn from Olpe/Oberhausen. Here the visitor crosses the Rhine via the Zoo Bridge with the silhouette of the Cathedral spires behind.

Arrivée à Cologne par l'est, par l'autoroute – constellée de lampadaires – venant d'Olpe/Oberhausen. Approche du pont du zoo avec, en fond, la silhouette de la cathédrale.

▷ Zubringer der Frankfurter Autobahn von Osten, Coloniusturm, WDR, Groß St. Martin, Dom, Lufthansa-Hauptverwaltung und Doppeltürme von Neu St. Heribert in Deutz.

Feeder to the Frankfurt Autobahn from the East, Colonius tower, WDR Building, Groß St. Martin, Cathedral, Lufthansa Headquarters and twin towers of Neu St. Heribert in Deutz.

Bretelles de l'autoroute de Francfort venant de l'est; la Coloniusturm, l'immeuble de la radio WDR, «Groß St. Martin», la cathédrale, le bâtiment administratif de la Lufthansa et les tours jumelles de la Neu St. Heribert à Deutz.

L'ARRIVÉE À COLOGNE

△

Köln-Anfahrt von Westen aus der Richtung Düren, Blick von der Autobahnraststätte Frechen. Im Vordergrund Vorgebirgshügel. Neubaugebiet Weiden. Höchste Gebäude im Stadtpanorama Colonius und Dom.

The approach to Cologne from the West, coming from Düren, view of the Frechen motorway service area. In the foreground, the Vorgebirge Hills. Weiden New Town. The highest building in the panorama of the city, Colonius tower and the Cathedral.

Arrivée à Cologne par l'ouest en venant de Düren, vue prise de l'aire autoroutier de Frechen. Au premier plan, une colline du Vorgebirge. Nouvelle zone urbaine de Weiden. La tour Colonius et la cathédrale, coiffant ce panorama citadin.

▷

Einfahrt von Nordwesten aus der Richtung Neuss nach Köln-Ehrenfeld. In der Bildmitte Herkules-Hochhaus, rechts Fernmeldeturm Colonius mit Drehrestaurant „Skyline".

The North West approach from Neuss to Cologne Ehrenfeld. At the centre of the picture high-rise building "Herkules" and, to the right, the Colonius Telecommunicationstower with the "Skyline" revolving restaurant.

Arrivée par le nord-ouest en venant de Neuss et en allant à Ehrenfeld. Au milieu de la photo, l'immeuble Herkules; à droite la tour des P.T.T., avec son restaurant tournant, le «Skyline».

SCHATZKAMMER KÖLN
THE TREASURY OF COLOGNE

△ Augustusköpfchen aus Glas mit türkisfarbigem Überfang, Höhe 4,47 cm, 1. Jh., im Römisch-Germanischen Museum. Feine, an Gemmen erinnernde Modellierung. Vermutlich war das Köpfchen in eine goldene Statuette montiert.

Augustine head in glass with turquoise-coloured covering, height 4.47 cm, first Century A. D., Römisch-Germanisches Museum. (Roman-Germanic Museum) Fine, detailed design, resembling a cameo. It is thought that this head was formerly mounted on a golden statuette.

Tête d'Auguste en verre avec incrustations couleur turquoise. Hauteur: 4,47 cm, Ier siècle. Exposition au «Römisch-Germanisches Museum». Modelage fin rappelant des gemmes. On pense que cette tête était montée sur une statuette en or.

◁ Diatretglas Kölner Provenienz, Höhe 12,1 cm, im Römisch-Germanischen Museum. Die Herstellung eines solchen netzüberspannten Glases dauerte etwa ein Jahr. Das hier gezeigte farbige Kölner Diatretglas mit der griechischen Inschrift: „Trinke, lebe schön, immerdar" gilt als das schönste in der Welt erhaltene römische Glasprodukt. Fundort: Köln-Braunsfeld, Stolberger Straße, 1. Hälfte 4. Jh.

The Diatret-Glass of Cologne, height 12.1 cm, now in the Römisch-Germanisches Museum. The making of such a piece of glass with its covering net took approximately one year. The coloured Diatret-Glass from Cologne shown here has a Greek inscription meaning: "Drink, enjoy life, always". It is considered to be the finest surviving Roman piece of glass anywhere in the world. Found near Köln-Braunsfeld, Stolberger Straße, 1st half of the 4th Century A.D.

Verre ajouré fabriqué à Cologne. Hauteur: 12,1 cm. On peut le voir au Römisch Germanisches Museum. Il fallait alors un an pour fabriquer ce verre entouré de ce quadrillage. Ce verre ajouré en couleurs et portant l'inscripton en lettres grecques suivante: «Buvez et vivez bien» passe pour la plus belle pièce de verre romaine au monde. Lieu de sa découverte: Braunsfeld, au n° 1 de la Stolberger Straße. Milieu du IVème siècle.

△ Ausschnitt aus dem Dionysos-Mosaik, das 1941 in Domnähe bei Ausschachtungsarbeiten zu einem Luftschutzbunker gefunden wurde. Das Mosaik (2. Jh. n. Chr.) gehört zu den wichtigsten Exponaten des Römisch-Germanischen Museums. Beachtenswert neben der impressionistisch anmutenden Zeichnung des Pan mit dem Ziegenbock das seltene kreisförmige Arrangement der Mosaiksteine.

Part of the Dionysos-mosaic which was found near the Cathedral in 1941 during excavations for the building of an air-raid shelter. This mosaic (2nd Century A.D.) represents one of the most important exhibits of the Römisch-Germanisches Museum. Apart from an almost impressionist drawing of Pan with his goat, there is the rare, circular arrangement of the stones of the mosaic.

Partie de la mosaïque de Dionysos découverte en 1941 à proximité de la cathédrale, alors que l'on creusait les fondations d'un abri anti-aérien. Cette mosaique (remontant au IIème siècle après J.C.) constitue une des pièces maîtresses du Römisch Germanisches Museum. On notera, outre le dessin quasi impressionniste de Pan et du bouc, la dispositon circulaire – fait rare – des pièces de la mosaïque.

LES TRÉSORS DE LA VILLE

Harrach-Diptychon, Dauerleihgabe der Sammlung Ludwig im Kölner Schnütgen-Museum, um 800. Unter Arkaden sitzen die schreibenden Evangelisten mit ihren Attributen Lukas (Stier), Johannes (Adler), Matthäus (Engel), Markus (Löwe). In den weiteren Bildfeldern: Christi Geburt, Verkündigung Mariens, die Frauen am Grabe Christi und die Kreuzigung Christi. In den Lünetten über der Kreuzigung Darstellung des Mondes und der Sonne. Christusdarstellung als Christus triumphans mit geöffneten Augen. Auf der Rückseite des Elfenbeins Schnitzereien des 7. Jh. Das wohl als Buchdeckel konzipierte Diptychon ist ein Musterbeispiel für die karolingische Renaissance am Hof Karls des Großen.

The Harrach Diptych, on permanent loan from the Ludwig collection, in the Schnütgen Museum, about 800 A.D.. Underneath the arcades pictures of writing Evangelists with their attributes, St. Luke (Bull), St. John (Eagle), St. Matthew (Angel), St. Mark (Lion). The other windows show the birth of Christ, the Annunciation, the Women at Christ's tomb and the Crucifixion of Christ. The windows above the Crucifixion show the Moon and the Sun. The figure of Christ is shown as Christ Triumphant with open eyes. At the rear, ivory carvings from the 7th Century A.D.. This Diptych, probably intended as a book cover, is a major example of the Carolingian Renaissance at the Court of Charlemagne.

Diptyque de Harrach, prêté par la collection Ludwig au Schnütgen Museum de Cologne, datant des environs de l'an 800. Sous les arcades, les évangélistes assis et écrivant, qu'accompagnent leurs symboles: Luc (le taureau), Jean (l'aigle), Mathieu (l'ange), Marc (le lion). Sur d'autres partie du tableau, la naissance du Christ, l'annonce faite à Marie, les femmes sur le tombeau du Christ et la crucifixion de celui-ci. Représentation de la lune et du soleil dans les lunettes au-dessus de la scène de la crucifixion. Représentation du Christ triomphant et dont les yeux sont ouverts. Sculptures, sur le revers de l'ivoire, datant du VIIème siècle. Ce diptyque, conçu comme couverture de livre, constitue un exemple typique de la renaissance carolingienne à la cour de Charlemagne.

PRINCI PIO
ERAT VERBŪ

LES TRÉSORS DE LA VILLE

◁ Prunkvolle I-Initiale – „Im Anfang war das Wort" – zum Johannesevangelium, Hillinuskodex Evangeliar, um 1025 n. Chr. Angefertigt von den Brüdern Purchard und Chuonrad im Auftrag des Kölner Domherrn Hillinus für den Kölner Dom, Reichenauer Malerschule, entstanden in Köln. In den Ecken aufgespießte Vögel. Purpurgrund. Domschatz.

Splendidly ornamental "I" – "In the beginning was the word", the opening of the Gospel according to St. John, the Hillinuskodex Gospel, approximately 1025 A. D. By the brothers Purchard and Chuonrad by order of the Dean of Cologne, Hillinus, for Cologne Cathedral, Reichenau School of Painting, created in Cologne. In the corners, speared birds. Purple background, Cathedral Treasury.

Initiale enjolivée: un «I». «Au commencement était le Verbe». Cette enjolivure pare l'évangile selon St. Jean, dans «l'Hillinuskodex Evangeliar», datant de 1025 environ après J. C. L'ouvrage fut exécuté par les frères Purchard et Chuonrad, de l'école de peinture de Reichenau, à la demande du maître de cathédrale Hillinus, pour la cathédrale de Cologne. L'oeuvre fut réalisée dans cette même ville. Dans les coins, on peut voir des oiseaux embrochés: le fond pourpre; le trésor de la cathédrale.

Holztür aus der Zeit vor 1065 in ▷ der Kirche Maria im Kapitol. Neben den früheren Holztüren in Rom und Mailand, die großartigste erhaltene Holztür der christlichen Kunst. Zur Darstellung kam im wesentlichen ein christologischer Zyklus. Die Figuren waren ursprünglich bemalt. Farbspuren erhalten. Bemerkenswert besonders die Verkündigung an die Hirten, die Flucht nach Ägypten und die Pfingstszene.

Timber door from 1065, St. Maria im Kapitol. Apart from the older wooden doors in Rome and Milan, one of the greatest surviving sets of timber doors in Christian art. The door essentially represents a christological cycle. The figures were originally painted. Traces of paint are left. Remarkable, especially the Annunciation to the Shepherds, the Flight to Egypt and the Pentecost Scene.

Porte en bois datant d'avant 1065 et placée dans l'église Maria im Kapitol. Mis à part de plus anciennes portes à Rome et à Milan, il s'agit là de la plus belle porte en bois où se soit exprimé l'art chrétien. C'est un cycle christique qui y est principalement représenté. À l'origine, les personnages représentés étaient peints. La porte a conservé des traces de peinture. On remarquera tout particulièrement l'annonce aux bergers, la fuite en Égypte et la scène de la Pentecôte.

SCHATZKAMMER KÖLN — THE TREASURY OF COLOGNE

Kalksteinbüste ‚Siegburger Madonna' aus dem Schnütgen-Museum. Entstehungszeit ca. 1150–1160. Beachtenswert der holde Gesichtsausdruck, die wahrhaft königliche Haltung der Madonna mit den großen, offenen Augen. Feingescheiteltes Haar umfließt unter der Krone das schöne Gesicht. Die Siegburger Madonna nimmt eine Spitzenstellung unter den gleichzeitigen Madonnendarstellungen ein.

Limestone bust "Siegburg Madonna" from the Schnütgen Museum. Approximately 1150–1160. Notable for the benign facial expression, the truly royal attitude of the Madonna with wide open eyes. Finely parted hair flows from under the crown over the beautiful face. The Siegburg Madonna occupies a predominant position among contemporary works of art.

Buste en castine de la «Siegburger Madonna» exposée au Schnütgen Museum. Ce buste remonte à 1150–1160. A noter le visage expressif et grâcieux de la madone, sa posture véritablement royale et ses grands yeux. Sa chevelure, partagée par une raie au sommet de la tête, s'écoule le long d'un visage beau et couronné. De toutes les madones qui lui furent contemporaines, la «Siegburger Madonna» occupe une place prépondérante.

▷ Fresko Gereon: Die wichtigsten Wandmalereien in Köln sind die in der Kirche St. Maria in Lyskirchen (13. Jh.), in der Kirche St. Caecilia, Ende 13. Jh., und die Innenseiten der Chorschranken des Domes (um 1340). Umso bedeutender war der Nachkriegsfund (1970) des Freskofragments aus dem Anfang des 12. Jahrhunderts in St. Gereon (heute Schnütgen-Museum). Der Maler des Prophetenkopfes kommt aus der römisch-umbrischen Schule und ist großflächiges Malen gewohnt. Er bricht trotz der genauen Kenntnis kalligraphischer byzantinischer Tradition in Einzelbereichen des Freskos aus der üblichen Starrheit aus und erreicht eine ungewöhnliche Monumentalität.

St. Gereon Fresco: The most important frescos in Cologne are found in St. Maria in Lyskirchen (13th Century), St. Caecilia, end of the 13th Century, and on the inside of the parclose of the Cathedral (about 1340). Because of this, the post-war finding (1970) of the fresco fragment from the beginning of the 12th Century in St. Gereon (which is now in the Schnütgen Museum) was all the more significant. The painter of this head of the prophet comes from the Roman-Umbrian school and is used to painting on a large scale. Despite detailed knowledge of the Byzantine calligraphic tradition, he breaks away from the customary rigidity in details of the frescos and, in doing so, achieves an unusual monumental impact.

Fresque Gereon: Les peintures murales les plus importantes que l'on peut trouver à Cologne sont celles de l'église St. Maria in Lyskirchen (XIIIème siècle), de l'église St. Caecilia, de la fin du XIIIème siècle et dans le choeur de la cathédrale (éxécutées vers 1340). La découverte après guerre (en 1970) d'un fragment de fresque dans St. Gereon et remontant au début du XIIème siècle n'en fut que plus importante. Ce fragment se trouve aujourd'hui au musée Schnütgen. Le peintre de la fresque est issu de l'école romano-ombrienne et maîtrise bien la peinture sur de grandes surfaces. En dépit de ses connaissances précises de la tradition calligraphique byzantine, il se départit, en certains lieux de l'oeuvre, de sa raideur coutumière, et transmet à celle-ci un caractère monumental surprenant.

LES TRÉSORS DE LA VILLE

SCHATZKAMMER KÖLN — THE TREASURY OF COLOGNE

Kölner Denar aus der Mitte des 10. Jahrhunderts. Köln war damals der beherrschende Münzplatz im Rhein-Maas-Gebiet. Das dreizeilige S(ancta) Colonia A(grippina) dominiert im 10. Jahrhundert und ist ein Zeichen für Marktbewußtsein. Kölnisches Stadtmuseum.

Cologne Denar from the middle of the 10th Century. At that time, Cologne had the main mint in the Rhine-Meuse area. The three line S(ancta) Colonia A(grippina) dominated in the 10th Century and is a sign of market consciousness. Cologne City Museum.

Denier de Cologne datant de la moitié du Xème siècle. Dans la région entre Rhin et Meuse, la ville dominait en tant que place monétaire. Le denier à trois lignes S(ancta) Colonia A(grippina) prévaut au Xème siècle et révèle le développement des affaires. On peut l'admirer au «Kölnisches Stadtmuseum».

Kopf des Gerokreuzes aus der Kreuzkapelle des Kölner Domes (Gesamthöhe 187 cm, entstanden in den Jahren 969–976). Erstes erhaltenes Monumentalkruzifix mit der Darstellung des leidenden Christus (Christus patiens). Eine Vertiefung auf der Rückseite des Kruzifixes diente ursprünglich zur Aufnahme einer Reliquie. Quellende, erhabene ottonische Leiblichkeit und Kenntnis byzantinischer Formenentwicklung kennzeichnen das Kruzifix.

Head of St. Gero's Cross from the Crucifixion Chapel of Cologne Cathedral (total height 187 cm, 969 – 976). Oldest surviving monumental crucifix showing Christus patiens. A recess at the back of the crucifix originally served to hold a relic. This crucifix is characterised by powerful Ottonian realism and shows detailed knowledge of Byzantine form.

Tête de la croix Gero provenant de la chapelle de la croix de la cathédrale de Cologne. Hauteur totale: 187 cm. Cette oeuvre fut conçue entre 969 et 976. Il s'agit là du premier crucifix de grande taille ayant pû être conservé et représentant les souffrances du Christ (Christus patiens). Un évidement sur le revers de ce crucifix était prévu pour y loger une relique. Un physique noble, aux allures ottoniennes, la connaissance des formes byzantines caractérisent encore ce crucifix.

Ausschnitt aus Fußbodenmosaiken des 11. Jahrhunderts in der Hallenkrypta von St. Gereon, die ursprünglich den annonischen Chor der Kirche schmückten. Dastellungen aus dem Leben Samsons und Davids, außerdem Tierkreiszeichen.

Part of the floor mosaic from the 11th Century from the crypt of St. Gereon which originally decorated the choir of the church dating from Bishop Anno's time. Views of the life of Samson and David; also signs of the Zodiac.

Extrait de mosaiques de sol datant du XIème siècle et situées dans la crypte de St. Gereon. Elles décoraient à l'origine le choeur de cette même église. Y sont représentées des scènes de la vie de Samson, de David ainsi que des signes du zodiaque.

LES TRÉSORS DE LA VILLE

Heribertschrein in Neu St. Heribert (Deutzer Freiheit 64), eines der wichtigsten Zeugnisse der Kölner Goldschmiedekunst aus der Zeit um 1160 – 1170. An der hier gezeigten Stirnseite die von Engeln verehrte Madonna. Getrieben aus vergoldetem Kupferblech. Auf den Dachflächen, hier nicht sichtbar, das Leben des Abteigründers. An den Längsseiten Darstellung der Apostel. Zwischen den Aposteln Propheten in Grubenemail.

St. Heribert shrine in Neu St. Heribert (Deutzer Freiheit 64) – one of the most important remnants of the Cologne Goldsmith Art from the period 1160 to 1170. The face shown here shows the Madonna being worshipped by angels. Embossed from gilded copper sheet. The top, not shown here, describes the life of the founder of the Abbey. On the longitudinal sides, representations of the apostles. Between the apostles, prophets in enamel work.

Coffret de St. Heribert à l'église Neu St. Heribert (Deutzer Freiheit 64), un des ouvrages d'orfèvrerie les plus importants de la ville, datant des années 1160 – 1170. L'avant, que l'on peut voir sur la photo, représente la madone adorée des anges. Les pièces mobiles sont en cuivre doré. Sur le dessus, que l'on ne peut pas voir, figure la vie du fondateur de l'abbaye. Sur les côtés longitudinaux, les apôtres. Entre les apôtres, des prophètes, en émail.

Schrein der Heiligen Drei Könige in der Hohen Domkirche. Größter aller mittelalterlichen Reliquienschreine. Auftrag an Nikolaus von Verdun im Jahre 1181, nachdem die Reliquien der Heiligen Drei Könige 1164 durch Erzbischof Reinald von Dassel aus der Mailänder Kirche Sant Eustorgio nach Köln überführt worden waren. Fertigstellung um 1225. Hier Anbetung der Heiligen Drei Könige, Ausschnitt aus der um 1200 von Otto IV gestifteten goldenen Stirnseite des Schreins. Üppige Ausschmückung mit mehreren hundert Juwelen und antiken geschnittenen Steinen.

Shrine of the Magi in the Cathedral. Largest of all medieval relic shrines. Nicolas de Verdun was asked to make this shrine in 1181 after the relics of the Magi had been transferred from Milan's Santa Eustorgio to Cologne Cathedral in 1164 by the Archbishop Reinald von Dassel. Completed in 1225. Here Adoration of the Magi, detail of the golden face end of the shrine donated about 1200 by Otto IV. Elaborate decoration with several hundred jewels and antique cut stones.

Ecrin des trois Rois Mages dans la «Hohe Domkirche». De tous les coffrets à reliques moyenâgeux, il s'agit là du plus grand. L'objet fut commencé en 1181 par Nicolas de Verdun, après que les reliques des trois Rois Mages aient été transférées, en 1164 et par l'archevêque Reinald von Dassel, de l'église milanaise Sant Eustorgio à Cologne. La fabrication du coffret dura jusqu'en 1225. Ici, l'adoration des Mages. Fragment de l'avant en or de l'écrin, don vers 1200 d'Otto IV. On remarquera la décoration, somptueuse, faite de plusieurs centaines de bijoux et de pierres antiques taillées.

SCHATZKAMMER KÖLN

THE TREASURY OF COLOGNE

◁ Die Glasfenster im Chorbereich der Kirche St. Kunibert stellen die Hochblüte der Glasmalerei Deutschlands in der Spätromanik dar (1226). Hier mittleres Apsisfenster. Aus der Brust des schlafenden Jesse geht der grüne Stammbaum aus, dessen Äste sich hinaufranken und fünf größere Felder teils in Medaillonform bilden. Rechts und links sind, dem Fortgang der Darstellung folgend, Propheten und Engel, die Schriftbänder halten, deren Inhalt sich auf die Medaillonszenen bezieht. Szenen: 1. Verkündigung, 2. Geburt Christi, 3. Kreuzigung, 4. Auferstehung Christi, 5. Christus in seiner Glorie. Kleines Medaillon mit Gottvater am Ende.

The glass windows in the choir of St. Kunibert illustrate the culmination of the art of glass painting in Germany in the late Romanesque period (1226). Here the central apse windows: A green tree grows from the breast of the sleeping Jesse; the branches climb up and form five larger fields, some of them in medallion form. To the left and right, following the view, we see prophets and angels holding banners, the wording on which relates to the scenes on the medallion: 1. Annunciation, 2. Birth of Christ, 3. Crucifixion, 4. Resurrection of Christ, 5. Christ in His Glory. Small medallion with God the Father at the end.

Les vitraux du chœur de l'église St. Kunibert témoignent de la prospérité que la peinture sur verre avait atteint en Allemagne vers la fin de l'art roman (1226). Vitrail moyen de l'abside. De la poitrine de Jesse endormi jaillit l'arbre aux branches grimpantes formant cinq espaces en forme de médaillons. A droite et à gauche, dans l'ordre de la présentation, on peut voir les prophètes et les anges, tenant des banderoles dont le contenu se réfère aux scènes figurant dans les médaillons: 1. L'annonce faite à Marie, 2. La naissance du Christ, 3. La crucifixion, 4. La résurrection du Christ, 5. Le Christ dans sa gloire. Petit médaillon à l'extrémité contenant Dieu le Père.

△ Petrusfigur vom Petersportal des Kölner Domes (Höhe ca. 200 cm), jetzt Erzbischöfliches Diözesan-Museum. Meisterwerk aus der Parlerschule zwischen 1375 und 1380. Renaissancemäßige Gesichtszüge auf elegantem gotischen Körper mit Schüsselfalten.

Figure of St. Peter at St. Peter's Porch, Cologne Cathedral (height approx. 200 cm), now in the Erzbischöfliches Diözesan-Museum. (Archiepiscopal Diocesan Museum) Masterpiece from the Parler School, between 1375 and 1380. Renaissance faces on elegant, Gothic bodies with dished folds.

Statue de Pierre du portail «Petersportal» de la cathédrale de Cologne (hauteur: environ 200 cm), que l'on peut maintenant admirer à l'Erzbischöfliches Diözesan-Museum. Chef-d'oeuvre de la Parlerschule accompli entre 1375 et 1380. Traits faciaux de style Renaissance et corps gothique d'allure élégante aux plis arrondis.

LES TRÉSORS DE LA VILLE

◁ Typisch für Köln: Lächelnde Reliquienbüsten von Jungfrauen aus dem Kreise der Heiligen Ursula, beliebt zwischen dem 13. und 15. Jh. Sie wurden in Altären verehrt. Durch ein Fenster in der Brust wurde die Reliquie zumeist sichtbar gemacht. Kirche St. Ursula.

Typical for Cologne: Smiling reliquiary busts of maidens, the followers of St. Ursula, a popular theme between the 13th and 15th Century. They were worshipped in altars. Through a window in the breast the relic could usually be seen. Church of St. Ursula.

Bustes-reliques aux visages souriants (typiques de Cologne) de jeunes filles vierges appartenant à l'entourage de Sainte Ursule. De telles reliques étaient très prisées entre les XIIIème et XVème siècle. Elles étaient vénérées dans des autels. Une ouverture dans le buste permettait, dans la plupart des cas, de voir la relique.

Kölner Pilgerzeichen, gotischer Gitterguß, 14. Jh., Nachguß im Diözesan-Museum. Die Zeichen wurden gewöhnlich an die Hutkrempe genäht und stellten den Pilger unter den Schutz der Patrone der Reisenden, der Heiligen Drei Könige. Durchmesser 6 cm. ▷

Cologne pilgrim signs, cast Gothic lattice work, 14th Century. Reproduction in the Diocesan Museum. These signs were usually sewn to the brim of the hat, and the pilgrim was then protected by the patron saint of travellers, in this case the Magi. Diameter 6 cm.

Emblème de pèlerin, grille en fonte gothique, datant du XIVème siècle; copie en fonte au Diözesan-Museum. Il était d'usage de coudre ces symboles au rebord des chapeaux. Ils représentaient les pèlerins sous la protections des patrons des voyageurs, les trois Rois Mages. Diamètre: 6 cm.

Wehrdener Kalvarienberg (169,5 x 111,5 cm). Frankreich oder Deutschland, um 1340. Diese Neuerwerbung gelangte 1977 endgültig aus dem Besitz des Barons Robert von Hirsch in das Wallraf-Richartz-Museum/Museum Ludwig. Die eleganten überlängten Figuren dieser Kreuzigung weisen auf einen französischen oder Kölner Maler hin. Auch die transparente Farbigkeit wäre für diese Zeit für Köln denkbar. Ungewöhnlich für beide Malerschulen sind die gestaffelte Landschaft mit ihren Überschneidungen sowie einige Verkürzungen in Figuren, die eigentlich damals in der Malschule von Siena üblich waren. Vielleicht handelt es sich um einen Kölner Maler, der über den Umweg Frankreich mit italienischer Malerei bekannt war.

Calvary of Wehrden (169.5 x 111.5 cm). France or Germany, about 1340. In 1977 this new purchase finally passed from Baron Robert von Hirsch to the Wallraf-Richartz-Museum/Museum Ludwig. The elegant, elongated figures of this crucifixion scene suggest a French or Cologne painter. The transparent, colourful effects also suggest that it might have originated in Cologne. Nevertheless, the staggered landscape with its overlaps and some foreshortening of the figures are unusual for the two schools of painting and are more typically a feature of the Siena School of the time. Perhaps it was a Cologne painter who was acquainted with the Italian school of painting through working in France.

La montagne au calvaire de Wehrden (169,5 x 111,5 cm). France ou Allemagne, vers 1340. Cette acquisition nouvelle parvint en 1977 au Wallraf-Richartz-Museum / Museum Ludwig, après avoir appartenu au baron Robert de Hirsch. L'élégance des personnages allongés présents à cette crucifixion trahit le pinceau soit d'un peintre français, soit d'un peintre de Cologne. La transparence des couleurs donne à penser que le tableau fut peint dans la ville. Pourtant, l'étagement du paysage et ses chevauchements ne rappellent pas ces deux écoles, mais plutôt celle de Sienne. Peut-être s'agit-il là d'un peintre de Cologne qui, lors d'un voyage en France, se familiarisa avec la peinture italienne.

LES TRÉSORS DE LA VILLE

Altar der Stadtpatrone von Stephan Lochner, ehem. Ratsmitglied, um 1445. Ausschnitt. Dom. Auf der Vorderseite des Dreiflügelaltars die Heiligen Drei Könige, St. Ursula mit ihren Jungfrauen, St. Gereon und seine Legionäre. Die Stadtpatrone huldigen dem Christuskind und Maria als Königin. Von außergewöhnlicher ikonographischer Bedeutung ist die Ausrichtung der Heiligen Drei Könige auf eine zentrale Madonna. Hiermit wird wohl erstmalig in der großfigurigen Malerei von der bis dahin üblichen hintereinandergestellten Prozession der Drei Könige abgegangen. Dieses Kompositionsschema beginnt sich erst etwa eine Generation später in der italienischen Renaissance durchzusetzen.

Altar showing the patron saints of the city, by Stephan Lochner, a former member of the Council of the City, about 1445. Detail. Cathedral. The front of this triptych shows the Three Magi, St. Ursula with her maidens, and St. Gereon with his legionnaires. The patron saints pay homage to the Infant Christ and to Mary as Queen. The position of the Magi in relation to the Madonna is of exceptional significance in iconographic terms. This is probably the first time on a large scale painting that there is a departure from the then conventional procession of the Magi. In the Italian Renaissance this style of composition becomes dominant only about a generation later.

Autel des patrons de la ville, exécuté vers 1445 par Stephan Lochner, ancien membre du conseil. Extrait. Cathédrale de Cologne. Sur l'avant de cet autel à trois ailes, les trois Rois Mages, St. Ursula avec ses vierges, St. Gereon et ses légionnaires. Les patrons de la ville sont en train d'adorer l'enfant Jésus et la Vierge Marie, leur reine. L'alignement des trois Rois Mages par rapport à la Madone, au centre, est d'une importance iconographique capitale. C'est en effet la première fois que, en peinture de statues de grande taille, l'on s'écarte de la présentation des Rois en procession les uns derrière les autres. Ce n'est qu'une génération plus tard environ que ce schéma de composition apparaîtra dans la renaissance italienne.

Kreuzigung Petri von Peter Paul Rubens (1577–1640) in der Kreuzkapelle der Kirche St. Peter. Rubens, der einige Jahre in Köln gewohnt hatte, schuf dieses Bild kurz vor seinem Tode für den sogenannten Jabach'schen Hochaltar. Im Jahre 1815 kam das Bild nach einer Entführung von Paris nach Köln zurück. Rubens selbst erachtete das Gemälde als eines seiner besten.

The crucifixion of St. Peter by Peter Paul Rubens (1577–1640) in the Crucifixion Chapel of the Church of St. Peter. Rubens, who lived in Cologne for several years, created this painting a short time before his death, for the so-called High Altar of Jabach. In 1815, having been abducted to Paris, the painting returned to Cologne. Rubens himself considered this painting to be one of his finest.

La crucifixion de Pierre par Peter Paul Rubens (1577 – 1640), visible à la chapelle de la croix de l'église St. Peter. Rubens, lequel avait vécu quelques années à Cologne, peignit ce tableau peu de temps avant sa mort pour le Jabach'schen Hochaltar. Le tableau fut saisi, emmené à Paris puis ramené à Cologne en 1815. Rubens considérait lui-même ce tableau comme un de ses chefs-d'œuvre.

SCHATZKAMMER KÖLN
THE TREASURY OF COLOGNE

36

△
Beninbronze aus dem Rautenstrauch-Joest-Museum (Ubierring 45). Aus dem hochstehenden westafrikanischen Reich von Benin, vermutlich 18. Jh. Technisch vorzüglich aus verlorener Form gegossen von ungewöhnlichem Naturalismus. Das Museum ist eines der großen deutschen Museen für Völkerkunde und zeigt Kunst und Gegenstände außereuropäischer Länder, wie zum Beispiel die praekolumbianischen Kulturen Mittel- und Südamerikas.

Bronze sculpture from Benin in the Rautenstrauch-Joest-Museum (Ubierring 45). From the West African Empire of Benin with its high culture, probably 18th Century. Technically outstanding, cast by the lost wax process, showing unusual naturalism. This museum is one of the great German ethnological museums and exhibits art and objects from non-European countries, such as for example the pre-Colombian cultures of Central and South America.

Bronze du Bénin visible au Rautenstrauch-Joest-Museum (Ubierring 45). L'objet date probablement du XVIIIème siècle et vient de l'ancien empire du Bénin. D'une technique remarquable à moule perdu, cette pièce coulée est d'un naturalisme extraordinaire. Faisant autorité en ethnologie, ce musée est l'un des plus importants dans cette discipline en Allemagne. On peut y voir des oeuvres d'art, des objets créés en dehors d'Europe, tels que par exemple des témoignages des cultures précolombiennes d'Amérique Centrale et d'Amérique du Sud.

LES TRÉSORS DE LA VILLE

Dame mit Möpsen, Porzellan, Höhe 28 cm, von Joachim Kaendler aus Meißen, 1743–44. Kunstgewerbemuseum der Stadt Köln (Rheingasse 8–12). Kaendler war der Schöpfer der Kleinplastik aus Porzellan. Unsere Dame vom Mopsorden hält in der linken Hand einen Mopshund, ein weiterer liegt ihr zu Füßen. Die Dame wurde als Pendant zu einem Partner, der sich als Freimaurer ausweist, geschaffen und spiegelt scheinbar unbeschwert und munter die Welt des gesellschaftlichen Lebens am Hofe von August dem Starken in Sachsen wider. Den Mops hatte man als Sinnbild der Treue und Anhänglichkeit des Hundes gewählt.

Lady with Pugs, porcelain figures, height 28 cm, by Joachim Kaendler of Meissen, 1743–44. Arts and Crafts Museum of Cologne City (Rheingasse 8–12). Kaendler was the originator of the miniature sculpture in porcelain. Our "Lady of the Order of the Pug" is holding a pug on her left arm, and a second pug is lying at her feet. This lady was created as a counterpart for a partner who was very evidently a freemason; she is a happy and cheerful reflection of the social life at the Court of August der Starke (August the Strong) in Saxony. The pug was chosen as a symbol for faithfulness and affection.

Dame aux carlins, porcelaine haute de 28 cm, par Joachim Kaendler de Meißen, éxécutée en 1743–44. Visible au Kunstgewerbemuseum de Cologne (Rheingasse 8–12). Kaendler a été le père de l'art plastique miniature à base de porcelaine. Dans la main gauche, cette dame tient un carlin, un autre étant couché à ses pieds. Elle constitue le pendant d'un partenaire, lequel apparaît comme franc-maçon; et, par son allure désinvolte et preste, elle reflète la vie en société à la cour d'Auguste le Grand, en Saxe. Le carlin avait été choisi pour symboliser la fidélité et l'attachement du chien.

Kanarienvogel über blühenden Päonien, rechts oben ein chinesisches Gedicht, darunter die Meistersignatur, ein runder Stempel der Zensur und ein viereckiger Sammlerstempel des früheren Besitzers: Wakai Oyaji; Katsushika Hokusai 1760–1849), Museum für Ostasiatische Kunst (Universitätsstraße 100).

Canary above flowering peonies. Top right hand corner: Chinese poem with the seal of the Master underneath, as well as the circular mark of the censor and the square stamp of the former owner: Wakai Oyaji. The artist: Katsushika Hokusai (1760–1849), Museum für Ostasiatische Kunst (Universitätsstraße 100).

Canaris survolant des pivoines en fleur; poème chinois en haut à droite avec en dessous la signature du maître, le sceau de la censure et le tampon carré de l'ancien propriétaire de l'oeuvre, Wakai Oyaji; Katsushika Hokusai (1760–1849), Museum für Ostasiatische Kunst (Universitätsstraße 100).

SCHATZKAMMER KÖLN — THE TREASURY OF COLOGNE

Otto-Motor, Werkmuseum Klöckner-Humboldt-Deutz AG. Im Jahre 1876 entwickelte Nikolaus August Otto aus Holzhausen im Taunus unter Mithilfe seines Freundes Eugen Langen in Köln die erste Verbrennungskraftmaschine, die mit Benzin betrieben wurde. Vor dem Deutzer Bahnhof erinnert ein Denkmal an die erfinderische Großtat. Der Viertaktmotor trat von Köln aus seinen Weg um die Welt an. Im Motoren-Museum der Klöckner-Humboldt-Deutz AG kann die Entwicklung der Verbrennungsmotoren studiert werden. Der gezeigte Motor besitzt ein industrial design, das ihn allein deswegen schon museumswürdig macht.

Otto-Engine, Works Museum, Klöckner-Humboldt-Deutz AG. In 1876 Nikolaus August Otto from Holzhausen in the Taunus, assisted by his friend Eugen Langen, developed the first petrol-driven internal combustion engine here in Cologne. A monument in front of the Deutz Railway Station reminds people of the significance of this event. The four-stroke engine started on its way into the world from Cologne. The Engine Museum of Klöckner-Humboldt-Deutz AG describes the development of the combustion engine. The engine shown here has industrial design features which alone make it worth showing in a museum.

Moteur Otto, musée de la société Klöckner-Humboldt-Deutz AG. En 1876, Nikolaus August Otto, né à Holzhausen dans le Taunus, mit au point avec Eugen Langen le premier moteur à combustion utilisant de l'essence comme carburant. Un monument devant la gare de Deutz rapelle cette grande invention. C'est de Cologne que le moteur à quatre temps commença à faire le tour du monde. On peut examiner, au musée de la Klöckner-Humboldt-Deutz AG, les étapes franchies par les moteurs à combustion. Le moteur sur la photo possède un design industriel, ce en quoi il mérite de figurer dans un musée.

LES TRÉSORS DE LA VILLE

Todesengel von Ernst Barlach in der Antoniterkirche. Das nördliche Nebenchörchen ist als Gedächtnisstätte für Tote beider Weltkriege eingerichtet. Über einer Gedenkplatte hängt der Todesengel von Barlach. Ursprünglich war die Figur 1927 für den Dom von Güstrow geschaffen worden. Der Kölner Todesengel ist ein Zweitguß Barlachs von 1938 nach der eingeschmolzenen Erstanfertigung. Er trägt die Gesichtszüge von Käthe Kollwitz und verkörpert die über den Schlachtfeldern schwebende Totenklage. Barlach vergröbert das ostische Gesicht und läßt einen strahlenförmigen Mantel vom Kopf aus zu einer geschlossenen Form werden, die an seinen „Rächer" erinnert.

Angel of Death by Ernst Barlach, Antoniterkirche. The choir chapel at the North end has been set aside as a memorial for The Dead of the two World Wars. The Angel of Death by Barlach is suspended over a memorial plaque. Originally this figure was created in 1927 for Güstrow Cathedral. The Angel of Death of Cologne is a second cast made by Barlach in 1938 after the melted down first version. The face bears the features of Käthe Kollwitz and the sculpture signifies the lament for the dead floating above the battlefields. Barlach has coarsened the ostian facial features and uses a cloak radiating from the head to create an integral figure which is reminiscent of his "Avenger"-sculpture.

Ange exterminateur dans la Antoniterkirche. Le choeur latéral nord a été aménagé en lieu du souvenir des personnes tombées au cours des deux guerres mondiales. L'ange, exécuté par Ernst Barlach, est accroché au-dessus d'une plaque commémorative. Initialement, la statue avait été créée (en 1927) pour aller dans la cathédrale de Güstrow. L'ange exterminateur visible à Cologne est une refonte, datant de 1938, l'original ayant été supprimé. L'ange a les traits de Käthe Kollwitz et personnifie les gémissements des morts hantant les champs de bataille. Barlach a grossi les traits de ce visage de type slave, et donne au manteau partant de la tête de l'ange une forme vengeresse.

Dynamischer Suprematismus von Kasimir Malewitsch, 1916. Wallraf-Richartz-Museum / Museum Ludwig (102,4 x 66,9 cm). Malewitsch (1878–1935) malte nach einer Entwicklung, die über eine spätimpressionistische, später futuristische und kubistische Phase mit russischem Volkskolorit ging, im Jahre 1913 das erste suprematistische Bild, das „Schwarze Quadrat auf dem weißen Grund". Das Wort Suprematismus beinhaltet „die Suprematie der einen Empfindung in der bildenden Kunst". Malewitsch bemüht sich, eine neue reine Malerei der Farben auch als Ausdruck von Kräften zu formulieren. Das hier gezeigte Bild setzt sich aus roten, schwarzen und gelben trapezoiden größeren Formen zusammen, die sich mit kleinen, artverwandten Elementen in einer schwebenden Spannung befinden, die ein Gleichgewicht anstrebt.

Dynamic Suprematism by Kasimir Malewitsch, 1916. Wallraf-Richartz-Museum/Museum Ludwig (102.4 x 66.9 cm). Malewitsch (1878–1935), after developing from a late impressionist and later futuristic and cubist phase with Russian folklore elements, painted this suprematist picture "Black Square on White Background" in 1913. The word suprematism here means "the supremacy of the single perception in visual arts". Malewitsch attempts to formulate a new, pure style of painting using colours to express forces. The picture is made up of large red, black and yellow trapezoidal shapes in a suspended, intense relationship with smaller but related elements tending to an equilibrium.

«Dynamischer Suprematismus» (Suprématisme dynamique) par Kasimir Malewitsch, 1916. Visible au Wallraf-Richartz-Museum / Museum Ludwig (102,4 x 66,9 cm). A l'issue d'une évolution l'ayant fait passer par une phase post-impressionniste, puis futuriste et cubiste avec utilisation des coloris populaires russes, Malewitsch (1878–1935) peignit en 1913 le premier tableau suprématiste, le «Carré noir sur fond blanc». Le terme suprématisme signifie «la suprématie de la sensibilité dans les beaux-arts». En inaugurant une nouvelle utilisation des couleurs, Malewitsch essaie de leur faire exprimer les forces en présence. Le tableau que l'on peut voir ici se compose de trapézoïdes rouges, noirs et jaunes d'une certaine taille, lesquels sont dans un état de tension par rapport à des éléments apparentés plus petits. L'ensemble est à la recherche d'un équilibre.

LES TRÉSORS DE LA VILLE

Raumkonzept: Kleines Theater von Lucio Fontana, 1966, Wallraf-Richartz-Museum / Museum Ludwig (129 x 166,5 cm). Fontana (1899–1968) malte 1949 sein erstes „Concetto Spaziale", ein Raumkonzept. Sein Grundmotiv war die Durchlöcherung der Leinwand durch Stöße oder Schnitte. Er vernichtet, um Neues zu schaffen.

"Concept of Space: Small Theatre", by Lucio Fontana, 1966, Wallraf-Richartz-Museum / Museum Ludwig (129 x 166.5 cm). Fontana (1899–1968) painted his first "Concetto Spaziale" (Concept of Space) in 1949. His basic motive was the perforation of the canvas by thrusts or cuts. He uses destruction as a method of creation.

«Raumkonzept» (Projet d'espace): petit théâtre de Lucio Fontana peint en 1966. Wallraf-Richartz-Museum/Museum Ludwig (129 x 166,5 cm). C'est en 1949 que Fontana (1899–1968) peignit sont premier «Concetto Spaziale», un projet d'espace. Le motif de base: la perforation de la toile en lui donnant des coups ou en la tailladant. Le peintre anéantit pour faire naître la nouveauté.

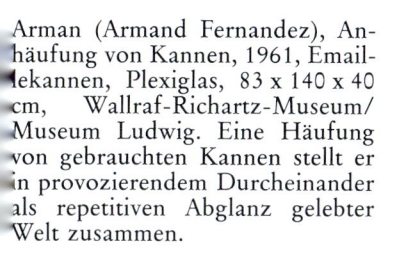

Arman (Armand Fernandez), Anhäufung von Kannen, 1961, Emaillekannen, Plexiglas, 83 x 140 x 40 cm, Wallraf-Richartz-Museum/ Museum Ludwig. Eine Häufung von gebrauchten Kannen stellt er in provozierendem Durcheinander als repetitiven Abglanz gelebter Welt zusammen.

Arman (Armand Fernandez), "Accumulation of Jugs", 1961, enamel jugs, perspex, 83 x 140 x 40 cm, Wallraf-Richartz-Museum / Museum Ludwig. A collection of used jugs are put together in a provocative disarray as a repetitive reflection of a world which has been lived in.

«Anhäufung von Kannen» (Entassement de cruches par Arman (Armand Fernandez) créé en 1961 à partir de cruches émaillées et de plexiglas (83 x 140 x 40 cm), visibles au Wallraf-Richartz-Museum/Museum Ludwig. Entassées dans un désordre provoquant, ces cruches symbolisent le reflet répétitif d'un monde vécu.

KÖLN LEBT / COLOGNE LIVES

Seit Jahrhunderten wird in Köln in der Hohe Straße und der Schildergasse Handel getrieben und eingekauft. Aneinandergereiht sind die beiden Straßen etwa einen Kilometer lang. Sie stoßen L-förmig aufeinander. Wird in der Hohe Straße eher hochspezialisierter Bedarf im Einzelhandel gedeckt, wird die breitere Schildergasse mehr von Kaufhäusern geprägt. Durch die belebte Fußgängerzone drängen täglich etwa 120 000 Menschen, die Hälfte davon sind Auswärtige. Vorwiegend werden Textilien und Schuhe gekauft. Und neue Beziehungen geknüpft.

Trading and Shopping have gone on for centuries on Cologne's Hohe Straße and Schildergasse. Combined, these two roads would have a length of one kilometre, but they meet in an L-shaped configuration. Whereas the Hohe Straße is dominated by highly specialist retailers, the features of the broader Schildergasse are dictated more by the department stores. Some 120,000 people daily throng this precinct; half of these are not from Cologne. Most of the people come to buy textile goods and footwear, but new friendships are struck as well!

Depuis des siècles, la Hohe Straße et la Schildergasse sont des rues commerçantes. Ces deux rues font environ un kilomètre de long et forment un L. Si la Hohe Straße s'occupe plus du commerce de détail spécialisé, la Schildergasse plus large, accueille surtout des magasins. La zone piétonnière animée est parcourue quotidiennement par environ 120 000 personnes, dont la moitié sont des étrangers. C'est la que l'on trouve de magasins de chaussures et de tissus; c'est là aussi que l'on crée de nouveaux contacts.

UNE VILLE ANIMÉE

Durchblick durch die Gasse „Auf dem Rothenberg" zum romanischen Kirchturm von Groß St. Martin in der Kölner Altstadt. Die Kölner Altstadt ist in den letzten Jahren besonders in den sommerlichen Abendstunden recht munter geworden. Flohmärkte werden am Alter Markt und in den engen Gassen mit Erfolg abgehalten. Antiquitätengeschäfte und eine Vielzahl gemütlicher Kneipen mit Wirten aus aller Herren Länder haben sich etabliert. Im großen und ganzen ist der alte Grundriß des Viertels erhalten geblieben. Unter liebevollem Zwang wurden nach den bösen Kriegszerstörungen wieder Giebelhäuser an derselben Stelle der Vorläufer gebaut.

A look down the narrow lane "Auf dem Rothenberg" towards the Romanesque church tower of Groß St. Martin in the old part of Cologne. The old part of Cologne has livened up in recent years, especially on Summer evenings. There are successful flea markets on the Alter Markt and in the narrow lanes. In this quarter there are many antique shops and a multitude of cosy pubs with landlords coming from every part of the globe. By and large the old plan of this quarter has been preserved. With gentle persuasion but loving care new gabled houses were built to replace their predecessors after the ravages of the war.

Vue de la tour romane de l'église Groß St. Martin avec au premier plan la ruelle dénommée «Auf dem Rothenberg». La vieille ville, ces dernières années et les soirs d'été en particulier, s'anime de plus en plus. L'Alter Markt (le vieux marché) et les ruelles étroites abritent des marchés aux puces prospères. Des magasins d'antiquités et un grand nombre de bistrots de toutes nationalités s'y sont établis. Dans l'ensemble, l'aspect ancien du quartier a pû être conservé. Des efforts ont été entrepris pour reconstruire à leur place les anciennes maisons à pignons détruites par les bombes.

KÖLN LEBT

COLOGNE LIVES

Die Altstadtatmosphäre zieht sich im Sommer über Restaurants und Kneipen bis in die Domgegend. Freitags ist auf dem Alter Markt, samstags in vielen Vororten Kölns Lebensmittelmarkt. Frisches Obst und Gemüse aus dem Vorgebirge und dem Rest der Welt werden appetitlich angeboten. Auf den Terrassen der Kneipen bietet der Köbes (Diminuitiv von Jakob) in seinem Kranz schäumendes obergäriges Kölsch in Stangen an. Es wird gern gelacht. Stangen nennt man in Köln die schlanken Kölschgläser. Noch gibt es 28 Privatbrauereien in Köln. Jeder schwört auf seine Sorte. Kölsch macht schlank.

In the Summer, the atmosphere of the old quarter extends through the restaurants and pubs right to the vicinity of the Cathedral. There is a food market on the Alter Markt on Fridays, and the same happens every Saturday in many of Cologne's suburbs. Fresh fruit and vegetables from the Vorgebirge Hills and the rest of the world are appetisingly displayed. From the terraces of the pubs the "Köbes" (the diminutive of Jakob) offers straight-sided glasses of foaming "Kölsch", the light, top fermented beer. There is plenty of laughter. The tall glasses used for the Cologne-beer are known as "Slims". There are still 28 private breweries in Cologne. Every one swears by his brand. Cologne "Slims" help slimmers – or so it is said!

En été, l'atmosphère de la vieille ville investit les restaurants et les bistrots et s'infiltre jusque dans les parages de la cathédrale. Le vendredi à l'Alter Markt et le samedi dans la banlieue de Cologne, se tient le marché. Appétissants par leur présentation, les fruits et les légumes frais du «Vorgebirge» et de l'étranger apparaissent aux étalages. Sur les terrasses des cafés, le serveur, appelé Köbes, (diminutif de Jakob) amène les verres remplis d'une bière écumante. Ces verres portent le nom de «Stangen», en raison de leur étroitesse. Les rires fusent. On compte encore aujourd'hui 28 brasseries privées à Cologne. Chacun ne jure que sur sa «Kölsch» préférée, laquelle a des vertus amaigrissantes.

UNE VILLE ANIMÉE

Köln hatte vor dem Krieg bekannte Passagen, die teilweise wieder aufgebaut oder verändert wurden. Langsam gesellen sich neue Passagen mit Erfolg zu den alten. Der „Bazaar de Cologne", ein modern überdachtes Atrium mit Geschäftsgalerien, gehört dazu. Neben den schicken Geschäften siedeln sich Restaurants und Cafés an. Auch im Regen sitzt man unter Palmen.

Before the war, Cologne had a number of well-known shopping arcades, some of which were rebuilt or modified. Slowly, some new arcades have been successfully added to the old ones. One of them is the "Bazaar de Cologne", a modern covered atrium with galleries of shops. Adjacent to the smart shops there are restaurants and cafés and even in the rain one can sit down under palm trees.

Avant la guerre, Cologne était parcourue de passages connus, dont certains furent reconstruits ou modifiés dans leur tracé. De nouveaux passages viennent avec bonheur s'ajouter aux anciens. Le «Bazaar de Cologne», avec son atrium moderne et couvert et ses galeries marchandes, en fait partie. Des restaurants et des cafés s'ouvrent à côté des magasins chics. On peut s'asseoir sous des palmiers, même quand il pleut.

Bewegtes Treiben herrscht bei gutem Wetter auf der Domterrasse, die man schlichtweg Domplatte nennt. Musiker aller Hautfarben produzieren sich zur Freude der Passanten. Willig spenden die Kölner immer wieder in die Hüte oder Geigenkästen. Mancher Stoßseufzer kommt von Anliegern.
▽

When the weather is fine, there is plenty of life on the Domterrasse, also known plainly as the Domplatte (the "slab"). Here musicians of every race and creed play for the pleasure of the passers-by. The people of Cologne gladly put their pennies into the hats or violin cases, although it can become a bit much for people working in the immediate vicinity.

Par beau temps, l'esplanade de la cathédrale – que l'on appelle simplement la place de la cathédrale – est le siège d'une activité fébrile. Des musiciens de toutes couleurs se produisent à la plus grande joie des passants. Les habitants de Cologne apportent volontiers leur écot. Les riverains, eux, ne chantent pas sur le même air!

KÖLN LEBT

COLOGNE LIVES

◁

Der Kölner Reitergeneral Jan von Werth (30jähriger Krieg), der auch als jährlich neugewählte Figur im Karneval eine Rolle spielt, steht trutzig auf seinem Denkmalssockel am Alter Markt. Der Jan-von-Werth-Brunnen stammt von 1884 (W. Albermann) und wurde von dem damaligen Verschönerungsverein gestiftet. Der Rathausturm wurde samt dem Kopf des Platzgabbeck (unter der Uhr), der lebenslänglich seine Zunge herausstreckt, wieder in gotischer Formensprache aufgebaut. In Domnähe steht der Heinzelmännchenbrunnen. Nach Kopisch taten die Heinzelmännchen die gesamte Arbeit für die Kölner, bis die böse Schneidersfrau sie verjagte (1899 bis 1900 von E. und H. Renard).

▷

The Cologne-born cavalry general, Jan von Werth (Thirty-Year-War), whose annual re-election ceremony is an important part of the Carnival every year, stands defiantly on the base of his monument on the Alter Markt. The Jan-von-Werth fountain dates from 1884 (W. Albermann) and was donated by the local "Beautification Club". The tower of the Rathaus was re-built in the original, Gothic style, complete with the head of Platzgabbeck (beneath the clock) who cannot help showing his long tongue. Close to the Cathedral there is also the Heinzelmännchen fountain. According to the poet August Kopisch, these little men did all the work for the craftsmen of Cologne, until a nosy tailor's wife upset them to such an extent that they left forever (1899–1900, by E. and H. Renard).

Jan von Werth, général de cavalerie au cours de la guerre de 30 ans, et que le carnaval fait figurer chaque année dans ses rites, trône sur son socle sur la place du vieux marché (Alter Markt). La fontaine Jan von Werth date de 1884 (création de W. Albermann) et fut financée par l'ancienne association pour l'embellissement de la ville. La tour de la mairie, avec la tête du Platzgabbeck (sous l'horloge), lequel tire la langue pour toujours, a été reconstruite et porte des inscriptions en gothique. A proximité de la cathédrale, on peut voir la fontaine des Heinzelmännchen. Selon Kopisch, c'était les «Heinzelmännchen» (les lutins) qui faisaient tout le travail des habitants de la ville, jusqu'à ce que la méchante femme du tailleur ne les chasse. (Création entre 1899 et 1900 par E. et H. Renard).

UNE VILLE ANIMÉE

Kölner Grinkopf aus der Altstadt. An vielen Handelshäusern vorwiegend in der Altstadt kann man am Hausgiebel einen fratzenhaften Steinkopf, oft mit langen Zähnen, sehen. Es handelt sich um eine Art Haltepunkt für Seile, die zum Hinaufziehen von Tuchballen, Fässern oder sonstigen Waren in den Speicher gebraucht wurden. In unserem Fall sehen wir einen Löwenkopf mit offenem Maul über einem zur Straße gelegenen Kellereingang als Fixpunkt für einen Balken, mittels dessen schwere Stücke in den Keller verfrachtet wurden.

"Grinkopf" found in the old quarters of Cologne. Many merchant houses, mainly in the old quarter, were provided at the gable with a stone figurehead pulling a face, frequently with long teeth. This was a kind of anchoring point for ropes used for pulling bales of cloth, barrels or other goods up into the store rooms. In our case we see a lion's head with open mouth above the entry to a cellar facing the road as a fixing point for a beam which was used to lower heavy pieces into the basement.

Un «Grinkopf» dans la vieille ville. Sur le pignon de plusieurs maisons commerçantes de la vieille ville surtout, on peut voir une tête grimaçante en pierre armée de grandes dents. Il s'agit d'une sorte de point d'appui par où passaient autrefois les câbles servant à monter les balles de tissus, les tonneaux et autres marchandises jusque dans les greniers. Il s'agit ici d'une tête de lion à la gueule ouverte surplombant l'entrée d'une cave donnant sur la rue. La tête sert de fixation à une poutre grâce à laquelle on véhiculait les pièces pondéreuses jusque dans la cave.

Der Kallendresser am Haus „Em Hahne" am Alter Markt verrichtet von der Kall (Regenrinne) sein despektierliches Geschäft auf die Straße. Das passiert genau gegenüber dem Rathaus. Die bärtige Bronzefigur stammt von Ewald Mataré, hatte jedoch in der Nähe einen spätmittelalterlichen Vorläufer. Auch am Rathausturm befindet sich ein Figürchen mit nacktem Hinterteil, dem sogenannten Kölner Spiegel. Eine Art grinsender Respektlosigkeit wird in Köln sehr gepflegt.

The Kallerdresser at the House "Em Hahne" on the "Alter Markt" openly answers nature's call from the "Kall" (gutter) into the road. This happens directly opposite the Rathaus. The bearded bronze figure was created by Ewald Mataré and follows the tradition of its predecessor in the immediate vicinity dating from the late Middle Ages. The Rathaus tower also sports a figure with naked posterior, the so-called "Mirror of Cologne". Healthy disrespect has always been very much in vogue in Cologne.

Le «Kallendresser» près de la maison «Em Hahne» sur le vieux marché accomplit à partir du Kall (la gouttière) sa besogne méprisable. Cela se passe exactement en face de la mairie. Cette figure barbue en bronze est l'œuvre d'Ewald Mataré, mais on lui connaît un prédécesseur du bas-moyen-âge installé à proximité. La tour de la mairie abrite aussi une figurine à la partie charnue non recouverte d'un vêtement et que l'on appelle le miroir de Cologne. Une certaine insolence grimaçante fait partie de l'atmosphère de la ville.

Der Karneval in Köln dauert mindestens vom 11. November des Vorjahres bis zum Aschermittwoch des folgenden Jahres. Der Karneval hat jahrhundertealte Wurzeln und ist ein Fest harmloser, unbeschwerter Freude. Es gibt einen eher unorganisierten spontanen Straßenkarneval, besonders in der Zeit von Weiberfastnacht bis einschließlich Rosenmontag, und auch einen eher reglementierten Teil, der die ganze Session über dauert. In Köln existieren ungefähr 360 Karnevalsgesellschaften, deren größte und traditionsreichste sich im Festkomitee des Kölner Karnevals von 1823 e.V. eine Dachorganisation geschaffen haben. Unten links Blick von der Bühne auf eine Sitzung im Gürzenich, seit 600 Jahren Festhaus der Kölner. Der Senat der „Großen Kölner" in vollem Federschmuck vor Kölner Prominenz.

The Cologne Carnival season lasts from 11th November in one year to Ash Wednesday in the following year. The roots of Carnival go back many centuries and it is a feast of harmless, undiluted pleasure. There is the spontaneous street carnival, especially during the days from "Weiberfastnacht"-Thursday (a kind of ancient "Women's Lib'-Day") to Shrove Monday, and there are more organised forms of entertainment which last the entire season. Cologne has some 360 carnival clubs; those with the oldest tradition have created a kind of "holding company", the "Festkomitee des Kölner Karnevals von 1823 e.V." At the bottom left a view from the stage of a "Session" in the Gürzenich concert hall. The "Senate" of the "Grosse Kölner" carnival society performing in full "plumage" before prominent citizens of present-day Cologne.

Le carnaval de Cologne dure au minimum du 11 novembre de l'année qui précède jusqu'au mercredi des cendres de l'année suivante. Cette festivité a des racines qui plongent loin dans le passé et les participants ont vite fait d'oublier leurs soucis quotidiens. Il existe un carnaval des rues, spontané et sans organisation particulière, qui se manifeste surtout au moment de la Weiberfastnacht (carnaval des femmes), et jusqu'au «Rosenmontag» (lundi du grand cortège) compris. Il existe aussi un carnaval réglementé qui dure pendant toute la période des réjouissances. Il existe à Cologne 360 sociétés carnavalesques, coiffées par un comité central, le «Kölner Karneval von 1823 e.V.», qui regroupe les sociétés les plus grandes et aux traditions les plus riches. En bas à gauche, on peut voir de la scène une séance du comité des fêtes à Gürzenich. Le Sénat des Grands de Cologne (Grande Association Carnavalesque), parés de toutes leurs plumes, devant le tout-Cologne.

UNE VILLE ANIMÉE

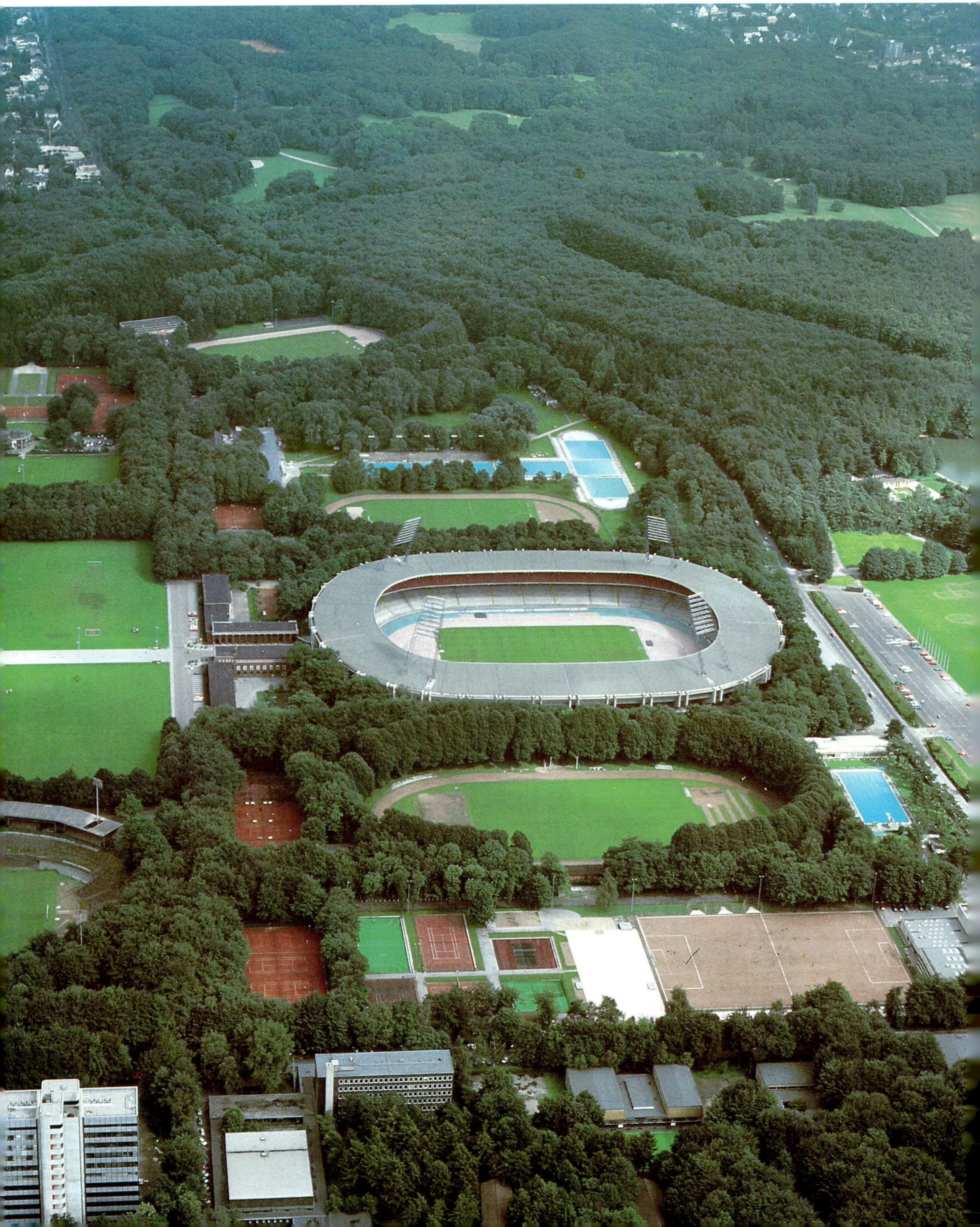

UNE VILLE ANIMÉE

Köln ist eine sportbegeisterte Stadt. In der Sporthochschule kann man sogar im Fach Sport promovieren. Ein Sportmuseum ist in der Planung. Das überdachte Müngersdorfer Stadion (Neubau 1973–1975) faßt etwa 65 000 Besucher. Es ist das Stammstadion des 1. F.C. Köln, auch Austragungsort des jährlich veranstalteten internationalen ASV-Leichtathletik-Sportfestes. Beachtete Pferderennen finden auf der Weidenpescher Rennbahn statt. Auch im Eishockey, im Basketball und im Rudern profilieren sich Kölner Sportler für Europa. Neue Sportströmungen, wie den American Football, nimmt Köln stets recht bald an. Bekannt und „gefürchtet" sind die „Cologne Crocodiles".

Cologne is enthusiastic about sport. At the Sports College you can even obtain a Doctorate in Sport. A sports museum is planned. The fully covered Müngersdorf stadium (built 1973–1975) can accommodate 65,000 spectators. This is also the home of the 1st F.C. Cologne and the venue for the annual international ASV light athletics event. The Weidenpesch race course is well known for its horse-racing. Cologne sportsmen show their skills on a European scale in the field of ice hockey, basketball and rowing. New sports such as American football are also becoming popular in Cologne.

Cologne est une ville passionnée de sports. L'université discerne même un doctorat en technique sportive. Un musée des sports est actuellement à l'étude. Le Müngersdorfer Stadion (stade construit entre 1973 et 1975) peut recevoir 65 000 personnes. C'est le stade de l'équipe 1. F.C. Köln et c'est de là que sont retransmis les championnats internationaux de l'ASV organisés annullement (athlétisme). Les courses de chevaux se déroulent à l'hippodrome de Weidenpesch devant un public intéressé et averti. En hockey sur glace, en basketball et en aviron, les sportifs de Cologne défendent leur ville dans toute l'Europe. Cologne reste plutôt ouverte aux nouveaux courants sportifs, tels que ceux qui ont fait s'introduire le foot-ball américain.

KÖLN LEBT

COLOGNE LIVES

UNE VILLE ANIMÉE

Kölns geographische Lage an Deutschlands größtem Strom, dem zärtlich „Vater Rhein" genannten Fluß, bedingt das Interesse für Schiffahrt bei den Kölnern. Eng bepackt mit Privatschiffen ist der Jachthafen im Rheinauhafen oder der für kleinere Jachten geeignete neue Hafen an der rechtsrheinischen Groov. Die Stadt Köln besitzt das „Ratsschiff", die MS Stadt Köln, als Empfangsschiff für besondere Delegationen. Die Köln-Düsseldorfer Rheinschiffahrt bietet seit über 150 Jahren ihre renommierten Rheinschiffahrten an und läßt kleinen Veranstaltern mit ihren „Bötchen" noch genügend Raum. Bei großen Messen lagern über zwanzig Rheinschiffe auch aus Holland als Hotelschiffe am Kölner Rheinufer.

Cologne's geographical position on Germany's greatest river, known tenderly as "Father Rhine" is the reason for the interest the people of Cologne have in shipping. The yacht harbour in the Rheinauhafen is closely packed with private vessels, and the same applies to the new port on the right hand bank of the river at Groov, which is more suitable for smaller craft. The City of Cologne has its own ship, the "MS Stadt Köln", used on official occasions. The Köln-Düsseldorfer Rheinschiffahrt has been offering its well-known Rhine cruises for more than 150 years now, but without stifling the activities of smaller companies with their "small craft". When there is a big trade fair in Cologne, more than 20 vessels including Rhine vessels from Holland are moored as hotel boats on the banks of the Rhine at Cologne.

De part sa position au bord du plus grand fleuve d'Allemagne — que les Allemands appellent «Vater Rhein» (notre père le Rhin) avec tendresse —, la ville de Cologne voit ses habitants s'intéresser à la navigation. Le port de Rheinau, port de plaisance, est déjà très encombré de bateaux privés; il en va de même du nouveau port de la Groov, sur la rive droite. La ville de Cologne est propriétaire du «Ratsschiff», le MS Stadt Köln, servant à recevoir certaines délégations. La société de navigation Köln-Düsseldorfer Rheinschiffahrt propose depuis plus de 150 ans ses croisières sur le fleuve et laisse peu de place aux armateurs de plus petite taille. Lorsque se déroulent des foires importantes, plus de vingt bateaux faisant office d'hôtels (dont certains viennent même de Hollande) vont s'amarrer près des berges.

Köln ist eine der deutschen Großstädte mit dem meisten Grün pro Einwohner (66 qm). Es handelt sich nicht um ein langweiliges, sondern ein sehr unterschiedliches Grünnetz um den Stadtkern. Der eigentliche Stadtkern weist relativ wenig Bäume auf. Vieles hat sich durch geschickte Kübelbepflanzung schon zum Positiven geändert. Der Zoologische Garten mit 6530 Tieren (gegründet 1860) gilt als einer der gepflegtesten Deutschlands. Weltberühmt sind die dort gezüchteten Lemuren. An mehreren Stellen Kölns, wie im Zoo, gibt es Bereiche „für Tiere zum Anfassen", so auch im Stadtwald. Die Flora als Parkanlage wurde in Zoonähe schon 1862 nach den Plänen P. J. Lennés angelegt und 1914 zu einem Botanischen Garten ausgebaut. Einen Forstbotanischen Garten besitzt die Stadt Köln in Rodenkirchen. Er wurde vor kurzem durch den Friedenswald bereichert. Dort wachsen harmonisch nebeneinander Bäume und Sträucher aus allen in der Bundesrepublik akkreditierten Staaten – 141 an der Zahl.

Cologne is one of the cities of Germany heading the league table in terms of green belt and green wedges (66 m² per inhabitant). This is not some kind of monotonous green belt but a highly diversified green network extending from the centre of the city. The actual centre of the city has relatively few trees, although with skilful planting of large pots much has changed for the better. The Zoo (founded in 1860) with its 6,530 animals is regarded as one of the best kept in Germany. The lemurides bred there in captivity are world-famous. In several parts of Cologne, including the Zoo, there are areas "for animals to be touched" and this also applies to the Stadtwald town forest. The Flora Botanical Garden was created near the Zoo as early as 1862 in accordance with plans by P. J. Lennés and the transformation into fully fledged botanical gardens took place in 1914. In Rodenkirchen the City of Cologne also enjoys an arboretum which was only recently extended by the addition of the Friedenswald forest, an harmonious arrangement of trees an shrubs characteristic of each of the 141 countries represented in the Federal Republic of Germany.

UNE VILLE ANIMÉE

Cologne est l'une des grandes villes d'Allemagne offrant le plus d'espaces verts à chacun de ses habitants: 66 m². Ce tissu de verdure n'est pas monotone, au contraire, et ceinture le centre de la ville. Au centre-ville proprement dit, il y a peu d'arbres. Mais des plantations astucieuses dans des baquets font que la situation s'améliore. Fondé en 1860, le jardin zoologique (abritant 6530 animaux) passe pour l'un des mieux tenus d'Allemagne. En vedette mondiale, les lémurs qui y sont élevés. Comme au zoo se trouvent en plusieurs endroits de la ville des «animaux à caresser», de même pour la forêt de la ville. Un parc floral fut créé dès 1862 à proximité du zoo d'après les plans de P. J. Lennée. Il fut transformé en jardin botanique en 1914. Un jardin regroupant plusieurs essences forestières, et propriété de la ville, est situé à Rodenkirchen. Il s'est enrichi voilà peu du Friedenswald, où fleurissent en parfaite harmonie des arbres et des arbustes provenant de 141 pays, de l'ensemble des états accrédités en RFA.

Blick von Westen auf Porz-Zündorf mit vorgelagerter Halbinsel und Freizeitanlage „Groov". Zündorf konnte sein eindrucksvolles mittelalterliches Ortsbild mit Markt, alten Häusern und alten Kirchen bewahren. Vor der großen neugotischen Backstein-Hallenkirche St. Mariä Geburt mit östlichem Fassadenturm ist die kleine katholische Pfarrkirche St. Michael (11. Jh.) zu erkennen.

Porz-Zündorf, view from the West, with the "Groov" peninsula and the leisure centre. In Zündorf the impressive medieval township with marked, old houses and old churches has been preserved. In front of the large, Neo-Gothic red brick church St. Maria Geburt with its tower on the East elevation the small Catholic parish church of St. Michael (11th Century) can be seen.

Photo prise de l'ouest et montrant Porz-Zündorf avec l'avancée de sa presqu'ile et l'installation de jeux Groov. Zündorf a pû conserver sa physionomie moyenâgeuse surprenante avec son marché, ses vieilles maisons et sa vieille église. On reconnaît, devant l'église néo-gothique en briques de St. Mariä Geburt (avec sa tour de l'est), la petite église paroissiale St. Michael (datant du XIème siècle).

Das Erholungsgebiet Fühlinger See im Kölner Norden entstand aus einem Auskiesungsgebiet und ist mit einer 2000 m langen Regattastrecke ausgebaut: Ein Schwimmer- und Surfer-Paradies.

The Fühlinger See recreation area to the North of Cologne started out as a gravel pit and now has its own regatta course of 2000 m length. It has become a paradise for swimmers and windsurfers.

L'aire de détente du lac Fühlinger See au nord de Cologne vit le jour du recyclage d'une gravière; elle a été agrandie d'un champ de course long de 2000 m, devenant ainsi le paradis des nageurs et des adeptes de la planche à voile.

Ein drittes Luftbild zeigt das Crest-Hotel Köln am Stadtwaldweiher von Südwesten. Die Umge-

57

UNE VILLE ANIMÉE

...bung lädt zu erholsamen Spaziergängen und Bötchenfahrten ein.

The third aerial view shows the Cologne Crest Hotel near the Stadtwaldweiher from the South-West. This is an environment for people who like walking and boating.

Une troisième photographie aérienne montre l'hôtel Crest de Cologne au bord de l'étang et de la forêt. Un tel environnement invite aux promenades vivifiantes et aux sorties en barque.

Der berühmte innere Grüngürtel von Köln wurde vor allem nach dem Krieg durch Bauten angeknabbert. Immer noch bietet er genügend Freizeitmöglichkeiten in unmittelbarer Innenstadtnähe. Eine neue Errungenschaft in diesem Gebiet ist der den Dom weit überragende Fernmeldeturm Colonius mit Cafeteria und Drehrestaurant. Der Turm wurde von Kölnern und Auswärtigen schnell angenommen und ist ein beliebter Treffpunkt auch für Gesprächsrunden mit dem Kölner Oberbürgermeister geworden. Daneben links das Fernmeldeamt.

The famous Inner Green Belt of Cologne has been slightly eroded by building-activity, especially after the war. However, it still offers plenty of leisure in the immediate vicinity of the inner city. One of its new features is the Colonius Telecommunicationstower with cafeteria and revolving restaurant, which is much taller than the Cathedral. The tower was quickly accepted both by the people of Cologne and by outsiders and has become a popular meeting place, even for "surgeries" with Cologne's Chief Burgomaster. On the left the telecommunications headquarters can be seen.

La fameuse ceinture verte intérieure de la ville s'est trouvée entamée par les bâtiments neufs de l'après-guerre. Elle n'en continue pas moins à servir de lieu de loisirs, et ceci à proximité immédiate du centre-ville. Avec sa caféteria et son restaurant tournant, la tour Colonius (relais de télécommunications) constitue un autre endroit où l'on peut se détendre. Les habitants de Cologne et des villes voisines se sont rapidement habitués à la présence de la tour. Elle est devenue lieu de rencontre et de discussions. Le maire de Cologne s'y rend occasionnellement pour de telles activités. On peut voir à gauche le centre des télécommunications.

UNE VILLE ANIMÉE

Der Rheinpark auf der Deutzer Seite wird besonders im Sommer von Tausenden Spaziergängern besucht. Das Grünflächenamt sorgt für abwechslungsreiche Bepflanzung. Brunnen, kleine Wasserflächen, Plastiken, das Parkcafé und die Rheinterrassen laden zum Verweilen ein.

The Rhine Park on the Deutz side of the Rhine is visited by thousands of walkers, especially in summer. The Parks department ensures skilled planting and fountains, small water courses, sculptures, the café and the terraces invite the visitor to relax.

Sur la rive droite, à Deutz, des milliers de promeneurs viennent parcourir, en été essentiellement, les allées du Rheinpark. Le service des jardins publics veille à varier les plantations. Des fontaines, de petits étangs, des sculptures, le café du parc et les terrasses au bord du Rhin invitent à la détente et au repos.

Köln weist trotz fehlender hoher Berge im Stadtgebiet gleich zwei Seilbahnen auf. Der hohe Pylon gehört zu der Rheinseilbahn, der einzigen Seilbahn über den Rhein, die vom Zoogelände über die Zoobrücke hinweg in den Rheinpark führt. Innerhalb des Rheinparks kann man mit der Sesselbahn den Park von oben erkunden.

Despite the fact that Cologne lacks any hills within the city, Cologne offers two cable-car systems. The tall pylon forms part of the Rhine cable-car, the only cable-car crossing the Rhine, leading from the Zoo across a major bridge across the Rhine and into the Rhine Park. Within the Rhine Park the park can be explored from above using the chair lift.

Malgré l'absence de hautes collines dans la ville, celle-ci possède deux téléphériques. Ce pylône soutient le seul téléphérique à franchir le Rhin et reliant le zoo au Rheinpark via le pont du zoo. A l'intérieur de ce parc, un télésiège permet d'en faire la découverte de haut.

KÖLN LEBT

COLOGNE LIVES

Der Tanzbrunnen im Rheinpark bietet unter der Ägide des Verkehrsamtes der Stadt Köln in den Monaten von Mai bis September über 100 gut besuchte Freiluftkonzerte an. Zu den Bundesgartenschauen 1957 und 1971 schuf Frei Otto kühne Zeltdachkonstruktionen. Ein Sternwellenzelt schwebt über der Tanzbrunnenanlage. Es war auch architektonisches Vorbild für die Olympiastadienarchitektur in München und Montreal.

Every summer from May to September the Tanzbrunnen in the Rheinpark offers more than 100 well-attended open air concerts which are sponsored by the Tourist Office of the City of Cologne. For the Federal Garden Shows of 1957 and 1971, Frei Otto created some audacious tent structures. Above the "dancing fountain" there is a star-spangled tent. This structure was also the architectural precursor of the Olympic Stadiums in Munich and Montreal.

Le kiosque à musique du Rheinpark accueille, sous l'égide du syndicat d'initiative, entre mai et septembre, plus de 100 concerts en plein-air qu'affectionne le public. Lors des floralies de 1957 et 1971, Frei Otto créa des structures en toile aux lignes hardies. Une toiture ondulée spéciale plane au-dessus du kiosque à musique. Elle a servi de modèle architectural aux stades olympiques de München et de Montréal.

UNE VILLE ANIMÉE

ROMANISCHE KIRCHEN / ROMANESQUE CHURCHES

St. Maria im Kapitol (Kasinostraße 6). Diese Kirche bietet durch die geniale Verbindung der Zentralform mit dem basilikalen Langhaus und dem einzigartigen Dreikonchenchor die größte architektonische Schöpfungs- und Ausstrahlungskraft aller Kölner Kirchen. Die Kirche entstand auf einer Erhöhung auf dem Gebiet des Tempels der kapitolinischen Trias in Köln. Der Baubeginn der jetzigen Kirche lag vor 1049. Die Schlußweihe erfolgte 1065 durch Erzbischof Anno. Hohe Mittelschiffsarkaden ruhen auf schlichten aufgemauerten Pfeilern. Die Öffnung zum Turm erinnert an die Wandgliederung der Pfalzkapelle von Aachen. Der Renaissance-Lettner (1523) ab 1765 an der Westseite des Mittelschiffs. Spätere Aufstellung zwischen Langhaus und Trikonchos vorgesehen.

St. Maria im Kapitol (Kasinostraße 6). This church represents a brilliant combination of a nave in basilica form and a unique trefoil choir concha, and as such it is one of the most creative and powerful architectural features among the churches of Cologne. The church was built on a mound in the temple precinct of the Capitol Trias in Cologne. Building work on the present church started before 1049. The church was finally consecrated in 1065 by Archbishop Anno. Tall arches rest on the simple masonry pylons of the nave. The opening for the tower resembles the wall structure of the Pfalzkapelle in Aix-la-Chapelle. The renaissance rood screen (1523) has been positioned on the west side of the central nave since 1765. Some time in the future it is to be relocated between the nave and the trefoil choir.

St. Maria im Kapitol (Kasinostraße 6). Par la combinaison géniale de ses structures et par la présence d'un chœur triconque remarquable, cette église est bien celle de Cologne qui rayonne le plus de force créatrice architecturale. L'église vit le jour sur une élévation de terrain, là où se trouvait le temple de la triade capitoline. Le commencement des travaux de construction est antérieur à 1049. La consécration fut célébrée par l'archevêque Anno en 1065. Les arcades de la nef moyenne reposent sur des piliers aux lignes sobres. L'ouverture menant à la tour rappelle l'articulation murale de la Pfalzkapelle à Aix-la-Chapelle. Le jubé de style renaissance (1523) placé à partir de 1765 sur le côté ouest de la nef moyenne. Il est prévu une implantation ultérieure à proximité du triconque.

LES ÉGLISES ROMANES

Die Hallenkrypta von St. Maria im Kapitol wurde durch einen Volltreffer in die Vierung der Kirche noch am 2. 3. 1945 schwer zerstört. Inzwischen ist diese zweitgrößte Krypta Deutschlands wieder aufgebaut worden. Ihr Hauptraum ist eine dreischiffige Halle mit fünf Jochen. Der Scheitel der Kreuzgratgewölbe liegt bei 5,20 m. Sie lasten, mit Gurtbogen versehen, auf kräftigen Monolithsäulen mit Würfelkapitellen und schlichten Kämpfern. An den dreischiffigen Mittelraum schließen Querflügel und im Osten ein Kranz von Kapellen an. In der Kapitolskirche zelebrierte der Erzbischof die erste Christmette, im Westturm hing die Sturmglocke der Stadt.

The crypt of St. Maria im Kapitol was virtually destroyed by direct hit of the centre of the church on 2nd March 1945. Since then this second largest crypt in Germany has been rebuilt. The main chamber consists of a hall with three bays of equal height each with five spans. The apex of the groined vaulting has a height of 5.20 m. These have wall arches resting on strong monolithic columns with cushion capitals and plain abutments. A transept and, in the East, a ring of chapels, connect with the three naves of the central chamber. It was in St. Maria im Kapitol that the Archbishop celebrated Midnight Mass at Christmas for the first time. The storm bell of the city hung in the Western Tower.

La crypte de St. Maria im Kapitol fut gravement endommagée le 2-3-1945 par une bombe tombée exactement sur la croisée de transept de l'église. Depuis, cette crypte, seconde en Allemagne par sa taille, a été entièrement reconstruite. La salle principale est composée d'un vaisseau à trois nefs et cinq travées. La clef de la voûte en arêtes se trouve à 5,20 m de hauteur. Pourvues d'arceaux elles prennent appui sur de robustes colonnes monolithes à chapiteaux cubiques et à impostes sobres. Le vaisseau à trois nefs est relié à des ailes transversales et, à l'est, à une couronne de chapelles. C'est dans cette église du Capitole que l'archevêque célébra la première messe de minuit. C'est dans la tour ouest que se trouvait le tocsin de la ville.

ROMANISCHE KIRCHEN / ROMANESQUE CHURCHES

◁ Kirche St. Pantaleon (Am Pantaleonsberg 6). Ottonischer Bau um 980. Das dreiflügelige, dreitürmige Westwerk, um 1002 beendet, ist heute im wesentlichen ein Resultat von Rekonstruktionen aus dem Ende des 19. Jahrhunderts. Trotz Verkürzung der Vorhalle um die Hälfte und Fehlen des ursprünglichen Figurenschmuckes bleibt der erhabene Charakter des Bauwerkes erhalten.

Church of St. Pantaleon (Am Pantaleonsberg 6). Ottonian building dating from approximately 980 A.D. The Western wing in three sections with its three towers finished in about 1002 A.D. today is essentially the result of reconstruction work dating from the end of the 19th Century. Despite the shortening of the porch by half and despite the fact that the original decorative figures are missing, the imposing character of the building has been retained.

L'église St. Pantaleon (Am Pantaleonsberg 6). Construction ottonienne remontant aux environs de 980. Le clocher-porche à trois ailes et à trois clochers, terminé vers 1002, résulte pour l'essentiel d'efforts de reconstruction entrepris à la fin du XIXème siècle. Malgré un raccourcissement du porche de moitié, et l'absence des statues décoratives originelles, l'ouvrage a sû conserver la noblesse de son style.

Innenansicht des Westchores der Kirche St. Georg (Georgsplatz 1). Dieser Westchor entstand um 1180 und gehört zu den hervorragendsten Werken der staufischen Klassik. In die bis zu 5 Meter starken Mauern sind in einer Art Triumphbogensystem Nischen ausgespart. Edle Gliederung der zweigeschossigen Innenwände. Hängekuppel.

Interior of the West Choir of St. George (Georgsplatz 1). This West choir was built about 1180 and is a classic example of the art of the Staufer builders. The walls, which have a thickness of up to 5 m, have niches shaped like triumphal arches. The two-storeyed internal walls are noble structures. Suspended cupola.

Vue intérieure de la contre-abside de l'église St. Georg (Georgsplatz 1). Cette contre-abside fut construite en 1180 environ et constitue un des ouvrages les plus remarquables de l'époque des Hohenstaufen. Dans les murs, dont l'épaisseur atteint par endroits 5 mètres, des niches agencées selon un système d'arcs de triomphe ont été ménagées. On notera la noblesse de l'articulation des parois intérieures à deux niveaux. Coupole pendante.
▽

LES ÉGLISES ROMANES

△
Kirche St. Ursula (Ursulaplatz 30), 1135 vollendet. Westturm von St. Ursula. Blendarkaden im Erdgeschoß erinnern an den früheren Kreuzgang. Zarte dreiachsige Gliederung am Turm, der eine barocke Turmhaube trägt.

Church of St. Ursula (Ursulaplatz 30), completed in 1135. Western tower of St. Ursula. Arcatures at ground floor level remind one of the former cloister. The tower with its Baroque roof connects to a carefully designed tripartite structure.

Église St. Ursula (Ursulaplatz 30), terminée en 1130. Clocher occidental de St. Ursula. Les arcades aveugles au rez-de-chaussée rappellent le cloître. Articulation tridimensionnelle au niveau du clocher, qui supporte une coupole baroque.

▷
Turm von Groß St. Martin (Marinspförtchen 8). Kraftvoll gebündelter Vierungsturm, wiederaufgebaut in den Formen des frühen 13. Jahrhunderts.

Tower of Groß St. Martin (Marinspförtchen 8). Square, solid tower, rebuilt in the original 13th Century style.

Clocher de Groß St. Martin (Marinspförtchen 8). Lanterne de la croisée de transept, formant un faisceau, reconstruite telle qu'elle apparaissait au début du XIIIème siècle.

ROMANISCHE KIRCHEN — ROMANESQUE CHURCHES

Kirche St. Gereon (Gereonshof 4). In den Grundmauern Reste eines römischen Memorialbaus in der Art der Minerva Medica über dem Grab von St. Gereon, Stadtpatron Kölns. Fassadenartige Gestaltung des Ostchores zwischen zwei Flankentürmchen, um 1150. Reiche architektonische Gliederung durch Rundbogenfriese, Blendbögen, Plattenfries und Zwerggalerie.

Church of St. Gereon (Gereonshof 4). The foundations include remnants of a Roman funeral temple in the style of the Minerva Medica in Rome above the tomb of St. Gereon, patron saint of Cologne. East choir designed in the form of a frontage disposed between two side towers, about 1150. Richly structured with friezes of round arcading, blind arches, slab friezes and miniature gallery.

Eglise St. Gereon (Gereonshof 4). Dans les murs de fondation se trouvent les restes d'un mémorial du genre de la Minerva Medica à Rome placés au-dessus du tombeau de St. Gereon, saint patron de la ville de Cologne. Aspect en façade du choeur oriental flanqué de deux petites tours. Vers 1150. Richesse de l'articulation architectonique matérialisée par des frises voûtées en plein cintre, des arcs feints, une frise dallée et une galerie naine.

LES ÉGLISES ROMANES

◁ Inneres des Dekagons von St. Gereon. Römisches Mauerwerk in den unteren Arkaden. Jeweils durchgezogene Dienste nehmen die zehn Rippen des Kuppelgewölbes auf. Viergeschossiges Dekagon von 1219–1227. In einigen Fenstern frühgotische Anklänge.

Interior of the decagon of St. Gereon. The lower arches incorporate Roman brickwork. The ten ribs of the domed vault are supported on through shafts. Four-storey decagon, built 1219–1227. Some windows with Early Gothic elements.

Intérieur du décagone de St. Gereon. Maçonnerie romaine au niveau des arcades inférieures. Les dix nervures de la coupole s'entrecroisent. Décagone à quatre étages construit entre 1219 et 1227. Quelques fenêtres sont de style gothique primitif.

Kirche St. Aposteln (Apostelnkloster 10). Reife Schöpfung rheinischer Romanik. Blick auf den Dreikonchenchor von Osten. Der Chorbereich wurde zu einer reichen Fassade in Richtung Neumarkt gestaltet. Neubau des Ostchors nach einem Brand gegen 1200. Im Untergeschoß der Kleeblattchoranlage zum Neumarkt hin schlanke Blendarkaden, die im zweiten Geschoß in verkleinerten Maßen und durch eingestellte Säulchen wieder aufgenommen werden. Darüber Plattenfries und rhythmisierte Zwerggalerie. Über den Konchendächern mit Rundbogennischen ausgestattete Dreiecksgiebel, die zu einem triforiengeschmückten Kuppeltambour mit byzantinisch wirkender Laterne überleiten. In die Ansätze des Trikonchos sind Trabantentürme eingeschoben, die den Kuppeltambour malerisch rahmen. Der hohe Westturm trägt wohl das erste Rautendach der Kunstgeschichte.
▽

Church of St. Aposteln (Apostelnkloster 10). A rich creation of the Rhenish Romanesque period. View of the three conchae of the choir from the East. The choir area was shaped into a richly decorated facade facing the Neumarkt. East choir rebuilt after a major fire, about 1200. The lower storey of the trefoil choir facing the Neumarkt has slim wall-arcades, a subject taken up again in the second storey on a reduced scale using recessed columns. Above this a slab-frieze with regular groups of miniature arcades. Above the conchae roofs triangular pediments with Romanesque arches leading to a tambour with cupola and a decorative triforium with a lantern of Byzantine appearance. The bases of the conchae have satellite towers picturesquely framing tambour and cupola. The tall West tower probably bears the first roof with rhomboid in the history of church art.

L'église des St. Aposteln (Apostelnkloster 10). Ici, l'art roman rhénan s'exprime dans sa maturité. Vue à partir de l'est du choeur triconque. Le choeur a été modelé en façade richement décorée et tournée vers le Neumarkt. Le choeur oriental fut reconstruit après un incendie en 1200. Dans le sous-sol du choeur tréflé et en se tournant vers le Neumarkt, on peut voir de minces arcades feintes, reprises au deuxième niveau à une échelle moindre et que soutiennent de petites colonnes. Au-dessus, une frise dallée et une galerie naine. Au-dessus des toits tréflés, des pignons triangulaires qui sont pourvus de niches voûtées en plein-cintre et qui opèrent le transfert vers un tambour paré d'une trifoire et dont la lanterne prend des allures byzantines. Des tours satellites ont été placées à la base du triconque et entourent le tambour de manière pittoresque. La tour occidentale supporte certainement le premier toit en losange connu dans l'histoire de l'art.

ROMANISCHE KIRCHEN / ROMANESQUE CHURCHES

Zwei typische Kirchen einer rustikaleren Romanik werden als Musterbeispiele ihrer Spezies innerhalb der Stadtgrenzen Kölns angeführt: Das Krieler Dömchen (St. Stephan in Kriel, Suitbert-Heimbach-Platz 1) und Alt St. Katharina (Sebastianstraße 231) in Niehl. Das Krieler Dömchen geht wohl auf eine karolingische Gründung zurück: Der trutzige Westturm mit Pyramidendach dürfte um 1200 entstanden sein. Eine genaue Datierung bleibt offen. Die Kirche und „Herrlichkeit Kriel" gehörten zum Stift St. Gereon. Alt St. Katharina in Niehl gehörte zum Stift St. Kunibert. Die Zeit der Entstehung des wuchtigen, im zweiten Geschoß durch einen Rundbogenfries gemilderten Turmes mit Pyramidendach dürfte in etwa dem Krieler Dömchen entsprechen.

Two typical churches of a more rustic Romanesque style ought to be mentioned as typical of their kind within the boundaries of Cologne: there is the Krieler Dömchen (St. Stephan in Kriel, Suitbert-Heimbach-Platz 1) and Alt St. Katharina (Sebastianstraße 231) in Niehl. The history of the Krieler Dömchen probably goes back to Carolingian foundations. The defiant West tower with its pyramidal roof is likely to have been built about 1200 A. D. Accurate dating is still necessary. The church and "Glory of Kriel" formed part of the St. Gereon foundation. Old St. Katharina in Niehl belong to the St. Kunibert foundation. The massive tower, somewhat relieved in the second storey by a frieze with Romanesque arches with a pyramidal roof, is likely to have been built about the same time as the Krieler Dömchen.

L'art roman rustique est représenté par deux églises typiques à l'intérieur des limites de la ville. Il s'agit de la Krieler Dömchen (St. Stephan à Kriel, Suitbert-Heimbach-Platz 1) et de la Alt St. Katharina (Sebastianstraße 231) à Niehl. La Krieler Dömchen a été érigée à l'ère carolingienne: la tour occidentale, au toit en forme de pyramide, devrait avoir été construite aux environs de 1200. Son âge exact reste toutefois inconnu. L'église et la «Herrlichkeit Kriel» appartenaient à l'hospice St. Gereon. «Alt St. Katharina» à Niehl appartenait à l'hospice St. Kunibert. La date à laquelle fut construite cette tour imposante, atténuée au deuxième étage par une frise voûtée en plein-cintre et pourvue d'un toit en pyramide, devrait se situer non loin de celle à laquelle la Krieler Dömchen fut dressée.

LES ÉGLISES ROMANES

DER DOM

THE CATHEDRAL

Der Kölner Dom ist das bekannteste architektonische Wahrzeichen Deutschlands. Die West- und Südfassade gehören zu den am meisten fotografierten Fassaden einer Kirche überhaupt. Besonders im Jahre der 100jährigen Vollendung des Kölner Doms 1980 wurde erneut bewußt, wie groß der Anteil des 19. Jahrhunderts am Dombau ist. Etliche Vorgängerbauten, ursprünglich im Anschluß an einen römischen Tempel, entstanden bis zum Jahre 1248, der Grundsteinlegung zum jetzigen Dom. Verantwortlicher Architekt und somit für den Gesamtplan des Domes war ein Meister Gerhard, zu dessen Lebzeiten die sieben Kapellen des Chorumganges errichtet wurden. Spätestens 1304 mit Abschluß des Hochchores durch eine Trennwand war der Chorbereich baulich vollendet. Im Jahre 1322 fand die Schlußweihe statt. Künstler aus der Parlerschule arbeiteten zwischen 1370 und 1380 an dem plastischen Figurenschmuck des Südturmes (Petersportal). Am Südturm endet die mittelalterliche Bautätigkeit in einer Höhe von 59 Metern. Der praktisch von 1560 nicht erfolgte Weiterbau des Domes beginnt erst ab 1842. Zur Fertigstellung des Domes kam es erst nach 632 Jahren, nämlich am 15. Oktober 1880. Kriegszerstörungen und schädliche Umwelteinflüsse machen den Dom noch für Jahrzehnte zu einer Baustelle. Der Dom wirkt im Inneren weniger additiv als alle französischen Vorbilder.

Cologne Cathedral is the best-known architectural landmark in Germany. The Western and Southern facades belong to the most frequently photographed facades of any church anywhere. In the year in which the centenary of the completion of Cologne Cathedral was celebrated, i.e. in 1980, the significance of the contribution of the 19th Century to the construction of the Cathedral became particularly clear. By 1248, the year in which the foundations for the present Cathedral were laid, quite a number of churches had been built on this site and destroyed again, starting with a Roman temple. The architect in charge and hence the architect for the total plan of the Cathedral, was a certain Meister Gerhard, in whose lifetime the seven chapels of the choir with its ambulatory were erected. At the latest in 1304, with the completion of the chancel, the

LA CATHÉDRALE

choir area was completed by the addition of a partition. In 1322 it was consecrated. Between 1370 and 1380 artists from the Parler School worked on the three-dimensional figures decorating the South spire (St. Peter's Porch). Building stopped in the Middle Ages with the South spire at a height of some 59 metres. Virtually all work on the Cathedral ceased in 1560 and was only restarted in 1842. The Cathedral was finally completed 632 years after its foundation, namely on 15th October 1880. The ravages of the war and environmental factors made the Cathedral into a permanent building site for decades. In the interior the Cathedral nevertheless appears somewhat more divisive than its French predecessors.

La cathédrale de Cologne est le symbole architectural le plus connu de toute l'Allemagne. La façade occidentale et la façade méridionale détiennent un record pour le nombre de photographies qui en ont été faites. Aucune église n'a été aussi souvent prise en photo. On a redécouvert, en 1980, à l'occasion du centenaire de sa finition, l'importance de la part des travaux accomplis sur la cathédrale au XIXème siècle. Jusqu'en 1248, année où fut posée la première pierre, quelques constructions, jouxtant alors un temple romain, s'étaient trouvées sur l'emplacement de l'édifice actuel. L'architecte responsable du plan d'ensemble était un certain Maître Gerhard, qui vit de son vivant se construire les sept chapelles du promenoir. C'est en 1304 au plus tard, avec la séparation du haut chœur par une cloison, que la construction proprement dite due chœur fut terminée. La consécration de la cathédrale eut lieu en 1322. Des artistes formés à l'école des Parler travaillèrent entre 1370 et 1380 à la sculpture des figures ornant la tour méridionale (Petersportal). Sur cette tour, les travaux du moyen-âge s'arrêtèrent à une hauteur de 59 mètres. Entre 1560 et 1842, rien ne fut fait pour que la construction ne progresse. Et l'achèvement n'eut véritablement lieu que 632 ans plus tard, le 15 octobre 1880. Les dégats causés par la dernière guerre et la pollution atmosphérique font de la cathédrale un chantier permanent présent encore pendant plusieurs décennies. L'intérieur de la cathédrale donne une impression moins additive que tous ses modèles français.

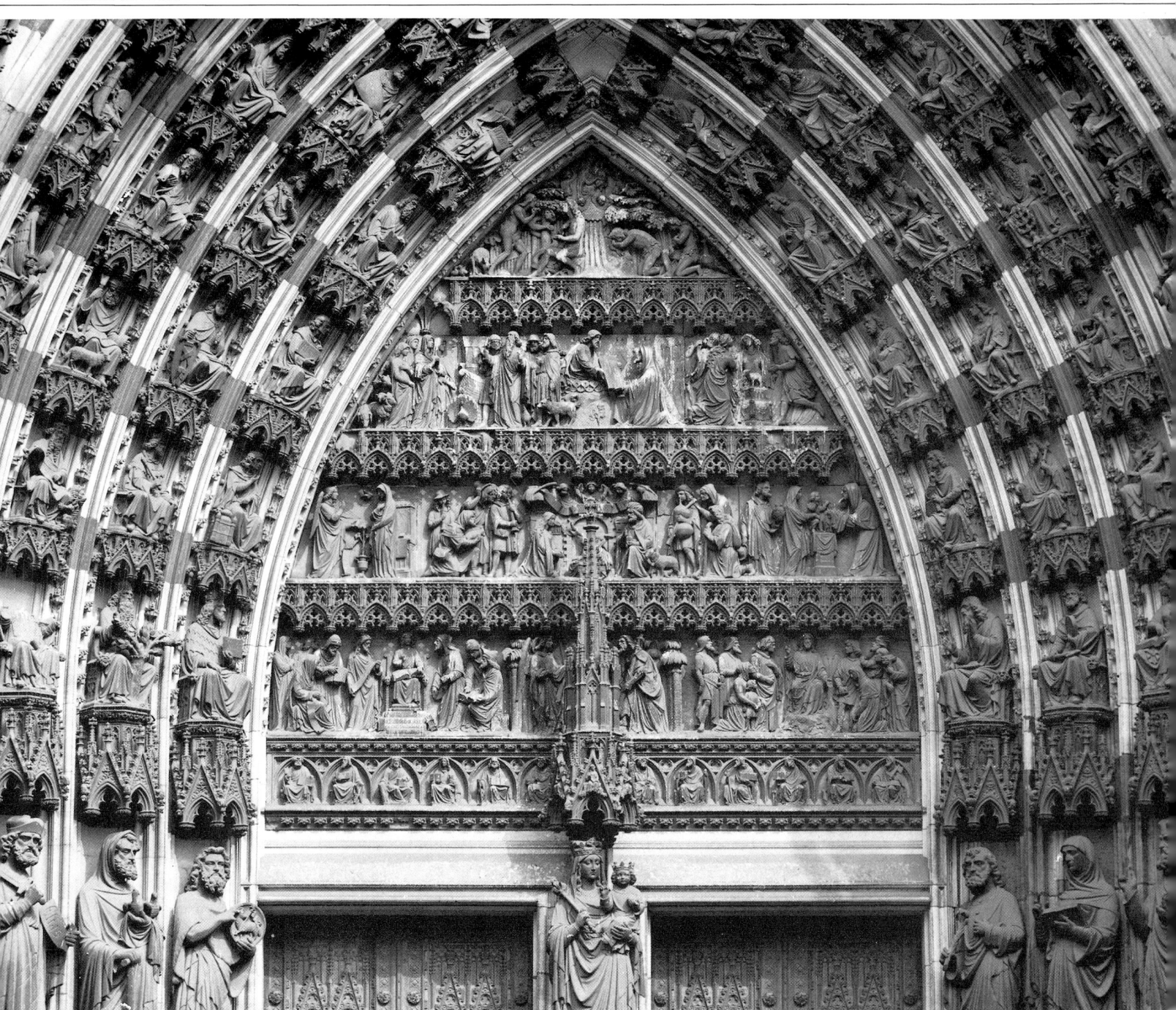

Mittelportal der Westfassade des Kölner Domes, aus Obernkirchener Sandstein, von Peter Fuchs (1872–80). Die Westfassade des Kölner Domes ist die größte Kirchenfassade der Welt. Sie wurde nach einem Pergamentplan aus der Zeit um 1300 errichtet. Dem fünfschiffigen Langhaus des Domes entspricht eine fünffache Fassade mit drei Portalen. Eine hoheitsvolle Madonna mit dem Christuskind dient als Trumeaufigur. Über ihr ragt ein gotischer Baldachin in die reliefierten Querbänder des Tympanons, die in den obersten beiden Reihen Szenen des Alten Testaments und den unteren Reihen die Verkündigung und Geburt Christi, die Darstellung im Tempel, den zwölfjährigen Jesus im Tempel, die Taufe Jesu und die Bergpredigt darstellen. Die größten Gewändefiguren stellen bedeutende Personen aus dem im Tympanon angesprochenen Heilszeitraums dar.

Central porch on the Western facade of Cologne Cathedral, Obernkirchener sandstone, by Peter Fuchs (1872–80). The Western facade of Cologne Cathedral is the largest church facade anywhere in the world. It was erected in accordance with a parchment plan dating from about 1300. The nave of the Cathedral with its five aisles corresponds to the facade with five axes and three porches. A majestic Madonna with Child serves as figurehead. Above it there is a Gothic canopy which reaches into the relieved transverse members of the tympanum which, on the upper two rows, describe scenes from the Old Testament and, on the lower rows, the Annunciation and the Birth of Christ, the Circumcision, the twelve-year old Jesus in the Temple, the Baptism of Christ and the Sermon on the Mount. The largest figures of the porch represent other major figures from the period of redemption described on the tympanum.

Portail central de la façade occidentale de la cathédrale de Cologne, réalisé en grès par Peter Fuchs (entre 1872 et 1880). La façade ouest détient un record mondial quant à sa surface. Elle fut érigée vers 1300 à partir d'un plan sur parchemin. Une façade à cinq dimensions et trois portails correspond au vaisseau à cinq nefs. Digne dans sa stature, une madone à l'enfant Jésus sert de sculpture de trumeau. Un baldaquin de style gothique s'élève au-dessus jusque vers les liernes en relief du tympan, lesquelles représentent, pour les deux rangées du haut, des scènes de l'Ancien Testament et pour les rangées inférieures, l'annonce faite à Marie, la naissance du Christ, la présentation au temple, Jésus au temple alors qu'il avait douze ans, le baptême de Jésus et le sermon sur la montagne. Les sculptures des jambages représentent des personnes évoquées au tympan et ayant joué un rôle important au cours de l'époque sainte.

LA CATHÉDRALE

Fassade des südlichen Querhauses des Kölner Doms. Plastik von Christian Mohr (1851–1869). Wesentliches Werk der Neugotik. Die Themen der Bogenfelder sind von links nach rechts: Märtyrium des Hl. Gereon und seiner Gefährten, Leben und Passion Christi, Trumeaufigur: Hl. Petrus; Märtyrium der Hl. Ursula. Beachtliche Bronzeportale von Ewald Mataré aus den Jahren 1948, 1953 und 1954.

Facade of the southern transept of Cologne Cathedral. Sculpture by Christian Mohr (1851–1869). An important work of the Neo-Gothic period. The themes of the fields of the various arches are, from left to right: the martyrdom of St. Gereon and his companions, the Life and the Passion of Christ. Figurehead: St. Peter; martyrdom of St. Ursula. Important bronze portals created by Ewald Mataré during 1948, 1953 and 1954.

Façade du transept méridional de la cathédrale. Sculptures de Christian Mohr (entre 1851 et 1869). Oeuvre essentielle du néo-gothique. Les thèmes visibles sur les lunettes sont, de gauche à droite: le martyre de St. Gereon et de ses compagnons, la vie et la passion du Christ, une sculpture de trumeau: St. Pierre; le martyre de St. Ursula. Remarquables portails en bronze d'Ewald Mataré réalisés en 1948, 1953 et 1954.

Im Jahr des Domjubiläums 1980 ließ das Verkehrsamt der Stadt Köln die Nachbildung einer Kreuzblume der Domtürme in Originalgröße (ca. 9 m, Polyester, ausführender Künstler Botho Uszpelkat) aufstellen und in acht Sprachen beschriften. Die Inschriften, unter anderem in Kölsch und Latein, werden immer noch gerne studiert. Die Kreuzblume ist zu einer Art Dorflinde, einem Treffpunkt, geworden.

In the Cathedral Jubilee Year of 1980, the City of Cologne commissioned a reproduction of the finials of the Cathedral spires in full size (approximately 9 m height, in polyester, by artist Botho Uszpelkat) and this bears a description in eight languages. This description (which includes translations into the Cologne dialect and into Latin) is still studied every day, because the finial reproduction has become an important meeting point.

En 1980, année du jubilée de la cathédrale, l'office du tourisme de Cologne fit faire une copie du fleuron des tours, et ceci grandeur nature (environ 9m, matériau polyester, éxécuté par Botho Uszpelkat). Il est installé non loin de la cathédrale avec des inscriptions en huit langues. Deux d'entre elles, en latin et en patois de Cologne, le «Kölsch», attirent l'attention du public. Ce fleuron est devenu un lieu de rencontre prisé.

ALTE KÖLNER KIRCHEN

OLD COLOGNE CHURCHES

△ Kirche St. Maria Lyskirchen. Die jetzige Kirche stammt aus der Zeit um 1210 bis 1220. Blick von Osten auf die Kirche. Küsterhaus und Sakristei auf der mittelalterlichen Rheinmauer. Im Inneren bedeutende Fresken des 13. Jahrhunderts mit überregionaler Bedeutung.

Church of St. Maria Lyskirchen. The present church dates from 1210–1220. This view shows the church from the East, as well as the house of the verger and the vestry built on the medieval wall along the Rhine. The interior contains major frescoes from the 13th Century with a significance which goes far beyond the region.

Eglise St. Maria Lyskirchen. L'église actuelle remonte à une époque située entre 1210 et 1220. Vue de l'église prise de l'est. Maison du sacristain et sacristie sur le mur du Rhin moyenâgeux. A l'intérieur de l'église se trouvent des fresques du XIIIème siècle d'importance nationale.

Kirche St. Severin seit dem 4. Jh. nachweisbar. Unter der Kirche Besichtigung des römisch-fränkischen Gräberfeldes möglich. Der heutige Westturm stammt aus der Zeit von 1393–1411. In seinen niederrheinischen Formen ist er für Köln eine architektonische Ausnahme. ▷

A Church of St. Severin has been known since the 4th Century A.D. Underneath this church the Roman-Franconian tombs can be viewed. The present Western tower dates from 1393–1411. Its Lower Rhenish architecture is exceptional for Cologne.

Eglise St. Severin, remontant, on en a la preuve, au IVéme siècle. Il est possible de visiter, sous l'église, les tombeaux romano-franconiens. L'actuelle tour occidentale remonte à 1393–1411. De par sa forme rappelant les églises du cours inférieur du Rhin, cette église est pour Cologne, sur le plan architectural, une exception.

LES ÉGLISES HISTORIQUES

Blick vom Dom (von Südosten) auf die Kirche und Umgebung von St. Andreas (Andreaskloster). Um 1200 Neubau an der Stelle von Vorgängerkirchen, spätgotische Bauteile aus dem Anfang des 15. Jahrhunderts. Achteckiger spätromanischer Vierungsturm mit Faltdach. In der Krypta der Kirche Grabmal des Hl. Albertus Magnus (†1280). In der Albertuskapelle der Kirche der Flügelaltar der 1474 gegründeten Rosenkranzbruderschaft aus der Werkstatt des Meisters von St. Severin (um 1500). Im Umfeld der Kirche links ein moderner Rundturm auf den Fundamenten eines römischen Turmes der römischen Nordmauer. Geschickte Nachkriegsbebauung südlich der Kirche zur Komödienstraße hin. Klostergebäude von Karl Band und Sparkassenzweigstelle von Th. Kelter (1956).

View from the Cathedral (from the South East) of the church and the environs of St. Andreas (Andreaskloster). About 1200, a new church was constructed here in place of predecessors, and Late Gothic elements appear from the beginning of the 15th Century onwards. Octagonal, Late Romanesque central tower with folded plate roof. In the crypt the monument of St. Albertus Magnus (†1280). In the Albertus chapel of the church the altar piece of the Rosenkranzbruderschaft, founded in 1474, from the workshops of the Master of St. Severin (about 1500). Close to the church on the left, a modern round tower, built on the foundations of a Roman tower forming part of the Roman Northern wall. Skilful post-war building to the South of the church and in the Komödienstraße. Monastery building by Karl Band and savings bank by Theodor Kelter (1956).

Vue de l'église prise du sud-est et de la cathédrale. On peut voir aussi les environs de St. Andreas (Andreaskloster). L'église fut construite en 1200 sur l'emplacement d'anciennes églises. Certains éléments en gothique flamboyant datent du début du XVéme siècle. Croisée romane octogonale avec toit en accordéon. Dans la crypte de l'église, on peut voir le monument funéraire de St. Albertus Magnus (†1280), et dans l'Albertuskapelle de l'église, le retable à volets de la confrérie de la rosace, fondée en 1474. Ce retable vient de l'atelier du maître de St. Severin (vers 1500). A gauche de l'église, une tour ronde moderne reposant sur les fondements d'une tour de la muraille romaine du nord. Au sud de l'église, et en allant vers la Komödienstraße, on peut constater la réussite des reconstructions d'après-guerre. Bâtiment du cloître par Karl Band et succursale de la caisse d'épargne réalisée par Th. Kelter (1956).

ALTE KÖLNER KIRCHEN — OLD COLOGNE CHURCHES

Ehemalige Antoniterkirche, evangelische Pfarrkirche seit 1802 (Schildergasse 57). Ende 14. Jh., spätgotische dreischiffige Basilika ohne Turm, nur mit Dachreiter in der Mitte des Satteldaches. Im Nordchor Todesengel von Barlach. Beliebte Kirche zur Einkehr inmitten des Stadtgetümmels.

The former Antoniterkirche, Protestant parish church since 1802 (Schildergasse 57). End of the 14th Century, Late Gothic basilica with central nave and two aisles, no tower, only with ridge turret at the centre of the ridge roof. In the North choir the Angel of Death by Barlach. Popular church for contemplation amid the bustle of the city.

Voici l'ancienne Antoniterkirche, église paroissiale protestante depuis 1802 (Schildergasse 57). Elle date de la fin du XIVème siècle. Basilique à trois nefs de style gothique flamboyant accompagnée d'une tour. Flèche au milieu seulement du toit en forme de selle. Dans le choeur septentrional, ange exterminateur de Barlach. Cette église est un îlot de calme au milieu de l'agitation de la grande ville.

LES ÉGLISES HISTORIQUES

Minoritenkirche St. Mariä Empfängnis (An Minoriten). Schlichte dreischiffige gotische Basilika, Chorweihe 1260, Vollendung im 14. Jahrhundert. Im Inneren Grabmäler des Gesellenvaters Adolf Kolping († 1865) und des schottischen Franziskaner-Theologen Duns Scotus († 1308). Verzicht auf Querschiff und Turm und die Linearität der Schmuckelemente verkörpern die Baugesinnung der Bettelorden. Kunstmärkte im ehemaligen Kreuzgang der Kirche schon im 15. Jahrhundert nachweisbar.

Minoritenkirche St. Mariä Empfängnis (An Minoriten). Plain, Gothic basilica with central nave and two aisles. Choir consecrated in 1260, completion 14th Century. Interior with memorials to Adolf Kolping, the "Father to the Journeymen" (died 1865) and to the Scottish Franciscan theologian Duns Scotus (died 1308). Because transept and tower are absent and because of the linearity of the decorative elements, the building is typical for the style of the mendicant orders. The former cloister of this church contains evidence of sales of art as early as the 15th Century.

Minoritenkirche St. Mariä Empfängnis (An Minoriten). Basilique gothique sobre à trois nefs. Consécration du choeur en 1260 et achèvement des travaux au XIVème siècle. A l'intérieur, on peut voir le monument funéraire du compagnon Adolf Kolping († 1865) et du théologien franciscain écossais Duns Scotus († 1308). L'absence de nef de transept et de tour, la linéarité des éléments décoratifs personnifient l'esprit constructif des ordres mendiants. Il a été prouvé qu'un marché d'œuvres d'art se tenait dès le XVème siècle dans l'ancien cloître de l'église.

Malerische Schifferkirche St. Clemens am Mülheimer Ufer. Umbau der ehemals romanischen Saalkirche Ende des 17. Jahrhunderts zur dreischiffigen Hallenkirche. Origineller Ostturm mit welscher Haube und Laterne.

Picturesque sailors' church St. Clemens near the Mülheimer Ufer. This is a conversion of the formerly Romanesque church towards the end of the 17th Century into a church with three naves of equal height. Interesting East tower with lantern and lantern cupola.

La pittoresque église St. Clemens se dresse sur les berges de Mülheim. A la fin du XVIIème siècle, l'ancienne église romane à nef unique fut transformée en église-halle à trois nefs. On remarquera l'originale tour orientale avec son dôme et sa lanterne galloise.

Der Jesuitenstil hat in Köln einige bemerkenswerte Kirchbauten hinterlassen. Die bedeutendste dieser Kirchen ist die dem Hauptbahnhof benachbarte St. Mariä Himmelfahrt. Die Kirche wurde von 1618 bis 1689 nach einem Entwurf von Chr. Wamser vollendet. Weitere süddeutsche Meister arbeiteten an der Innenausstattung. Von 1798 bis 1801, während der französischen Besatzung, wurde die Kirche zum „Tempel der Vernunft" erklärt. In einer traditionsverbundenen Kölner Version des gegenreformatorischen Jesuitenstils werden bewußt romanische und gotische Stilelemente mit denen des Frühbarocks vereint.

The Jesuit Baroque style has left some remarkable church buildings in Cologne. The most important of these churches is the church close to the main railway station, St. Mariä Himmelfahrt. This church was completed between 1618 and 1689 after a design by Chr. Wamser. Other, South German, masters worked on the interior. From 1798 to 1801 during the French occupation, this church was declared to be a "Temple of Reason". In the tradition-linked Cologne version of the counter-reformatory Jesuit Baroque style, Romanesque and Gothic elements are deliberately combined with those of Early Baroque.

Le style des jésuites à Cologne a empreint quelques églises remarquables, la plus importante étant l'église St. Mariä Himmelfahrt, non loin de la gare. Sa construction, sur des plans de Chr. Wamser, dura de 1618 à 1689. Des maîtres venus du sud de l'Allemagne participèrent à son aménagement intérieur. Entre 1798 et 1801, durant l'occupation française, elle fut transformée en «Temple de la Raison». Le style anti-réformiste des jésuites plus le cachet d'une ville riche de traditions ont conduit á une union des styles roman, gothique et de la première période du baroque.

LES ÉGLISES HISTORIQUES

Die Karmelitinnen-Klosterkirche St. Maria vom Frieden oder St. Maria in der Schnurgasse entstand 1692, die hochgestreckte Fassade 1716 als Mischung von südniederländischen und venezianischen Barockelementen.

The Karmelitinnen-Klosterkirche (Carmelite convent church) St. Maria vom Frieden or St. Maria in der Schnurgasse was built in 1692. The tall facade was built in 1716 using a mixture of Flemish and Venetian Baroque elements.

L'église conventuelle St. Maria vom Frieden des carmélites ou encore église St. Maria in der Schnurgasse fut construite à partir de 1692 et sa façade élancée se dressa à partir de 1716, constituant un mélange d'éléments baroques venus du sud de la Hollande et de la Vénétie.

Die Ursulinenkirche St. Corpus Christi (Machabäerstraße 75) zeigt eine dreiachsige Fassade mit angegliedertem Flankenturm in einer klassischen Mundart des Barocks (1709–1712).

Ursulinenkirche St. Corpus Christi (Machabäerstraße 75) shows a facade with three axes with adjacent side-tower in a classical Baroque form (1709–1712).

L'église des ursulines St. Corpus Christi (Machabäerstraße 75) présente une façade tridimensionnelle flanquée d'une tour qui lui est rattachée, le tout dans une expression classique du baroque (de 1709 à 1712).

NEUE KÖLNER KIRCHEN   NEW COLOGNE CHURCHES

Nach den Kriegszerstörungen kam es in Köln zu sehr originellen Lösungen von Kirchenneubauten. Einige Kirchen, von denen alte Teile erhalten geblieben waren, wurden unter Einbeziehung der alten Bauteile neu glücklich architektonisch umformuliert. Ein Musterbeispiel für eine solche Neuschaffung im Anschluß an alte Bausubstanz ist die Kirche St. Kolumba, genannt „Madonna in den Trümmern" (Kolumbastraße 2), von Gottfried Böhm (1950 und 1956). Von der alten Kirche benutzte Böhm vor allem Teile des 13. Jahrhunderts, wie den Sockel des Westturmes. An den Turm schmiegt Böhm ein achteckiges gläsernes Altarhaus. Die steinerne, wie durch ein Wunder von Bomben nicht zerstörte Madonna (1460–1470) wird von Kölnern gerne besucht. Bedeutende moderne Glasfenster von L. Gies, G. Meistermann und Thorn-Prikker. Die Kirche St. Gertrud (Krefelder Straße 55), rechts oben, stammt ebenfalls von Gottfried Böhm. Sie ist ein Musterbeispiel für die Einordnung eines Kirchengebäudes in ein auf sie zulaufendes Straßengefüge. Ein Blick in die Kirche St. Alban (Gilbachstraße 25) von H. Schilling (1959) zeigt eine Kölner Variante eines gestrengeren Ronchamps. Die Raumstaffelung öffnet die Kirche zum Gläubigen.

After the destruction of the Second World War, some very original solutions evolved during the rebuilding of the churches. Some churches, parts of which had been spared, were reshaped, with the happy inclusion of the old constituents. Typical examples of such new creations including old buildings is St. Kolumba, known as "Madonna in the Ruins" (Kolumbastraße 2), created by Gottfried Böhm (1950 and 1956). Böhm used mainly old parts dating from the 13th Century, including the base of the West tower. Böhm linked an octagonal altar house of glass to this tower. The stone Madonna (1460–1470) which, almost by a miracle, was left untouched by the bombs, is popular with Cologne visitors. The beautiful modern glass windows were created by L. Gies, G. Meistermann and Thorn-Prikker. Church of St. Gertrud (Krefelder Straße 55), top right. This is another creation by Gottfried Böhm. It is exemplary for the incorporation of a church building into a street-structure leading towards it. A look into St. Albans (Gilbachstraße 25) by H. Schilling (1959) shows the Cologne variation of the normally much stricter Ronchamps. The graduated form opens up the church to the worshipper.

Aprés les dévastations causées par la Seconde Guerre Mondiale, la reconstruction des églises se fit en employant des solutions très originales. Certaines parties d'églises non entièrement détruites furent réintégrées dans les plans architecturaux des églises nouvelles. L'église St. Kolumba est l'exemple-type de soudure entre les éléments constructifs ayant résisté et la reconstuction proprement dite. Cette église à été dénommée «Ma-

LES ÉGLISES MODERNES

donna in den Trümmern» («Notre-Dame des ruines») (Kolumbastraße 2). Elle est l'oeuvre de Gottfried Böhm (1950 et 1956). De l'ancienne église, Böhm a surtout repris les parties datant du XIIIème siècle, telles le socle de la tour occidentale. Près de la tour, Böhm a placé un sanctuaire octogonal en verre. La madone de pierre (1460–1470) qui par miracle échappa aux bombes, est le but de promenade de beaucoup. Vitraux modernes et importants de L. Gies, G. Meistermann et Thorn-Prikker. L'église St. Gertrud (Krefelder Straße 55) est également l'oeuvre de Gottfried Böhm (en haut à droite). Elle représente l'exemple parfait d'une église orientée en fonction d'un réseau de rues aboutissant à elle. Une vue de l'église St. Alban (Gilbachstraße 25) par H. Schilling (1959) montre une variante d'un Ronchamps plus sévère. La gradation de l'espace ouvre l'église au croyant.

NEUE KÖLNER KIRCHEN

NEW COLOGNE CHURCHES

◁

Von Gottfried Böhm stammt auch die burgähnliche Kirchenanlage Christi Auferstehung (Brucknerstraße 16), die zwischen 1967 und 1970 erbaut wurde. Weithin bildet der mit dem Bau verwachsene westliche Glockenturm mit seiner Spiraltreppe einen dynamischen Akzent. Fast verwirrend, dann doch wieder zusammenhaltend treppen sich Dachflächen in verschiedenen Winkeln mit schießschartenartigen Beton- und Ziegelbauelementen ab.

Gottfried Böhm also created the church of Christi Auferstehung (Resurrection of Christ) (Brucknerstraße 16), which resembles a

LES ÉGLISES MODERNES

castle and was built between 1967 and 1970. The Western bell-tower with its spiral staircase which is linked to the main building creates a dynamic accent. The roof surfaces meeting at various angles are almost confusing with their concrete and brick crennelations.

C'est aussi à Gottfried Böhm que l'on doit l'église fortifiée «Christi Auferstehung» (Brücknerstraße 6), construite de 1967 à 1970. Faisant corps à l'ouvrage, le clocher occidental et son escalier en colimaçon lui donnent un accent de dynamisme. Déroutant presque par son agencement, et cohérent pourtant, le toit réunit, placés sous divers angles, des éléments en béton et en briques ressemblant à des meurtrières en gradins.

△
Einen von weitem wie eine versetzte Pyramide wirkenden Neubau der evangelischen Auferstehungskirche in Buchforst, Kopernikusstraße, schufen 1967/68 die Architekten Georg Rasch und Winfried Wolsky. Der Glockenturm wirkt auch als Plastik. Graphisch sehr reizvoll ist der Sichtbeton mit seinen Unregelmäßigkeiten, der von stärker linearen Elementen in der Dachzone des Gebäudes optisch gestrafft wird.

The new design of the Protestant Auferstehungskirche (Church of the Resurrection) in Buchforst, Kopernikusstraße, with the appearance of a pyramid was created from 1967 to 1968 by architects Georg Rasch and Winfried Wolsky. The bell-tower has the effect of a sculpture. The fair-faced concrete with its irregularities is very attractive in graphic terms and the effect is increased visually by the more dominant linear elements of the roof of the building.

L'église protestante de la résurrection, à Buchforst, dans la Kopernikusstraße, ressemble, vue de loin, à une pyramide déplacée. Les architectes Georg Rasch et Winfried Wolsky sont les auteurs de ses plans (construction de 1967 à 1968). Le clocher donne une impression sculpturale. Le béton décoratif et ses irrégularités sont d'un effet graphique excellent. Au niveau du toit de l'édifice, il donne l'illusion optique d'être tendu par des éléments linéaires plus marqués.

DIE RÖMISCHE VERGANGENHEIT

THE ROMAN PAST

◁ Blick hinunter zum Ubiermonument, dem südöstlichen Turm des römischen Hafens (im Kellergeschoß des Hauses An der Malzmühle 1). Das sogenannte Ubiermonument mit gewaltigen Steinquadern (aufgefunden 1965) stammt aus der Zeit des Oppidum Ubiorum, ist also um 50 v. Chr. entstanden.

View of the monument of the Ubians, the South-Eastern tower of the Roman port (in the basement of An der Malzmühle 1). The so-called Ubier monument with its massive stone slabs (discovered in 1965) comes from the time of Oppidum Ubiorum, i. e. was created about 50 B. C.

Vue plongeante sur l'Ubiermonument, la tour du sud-est gardant le port romain (dans le sous-sol de la maison An der Malzmühle 1). Le fameux Ubiermonument dont les pierres de tailles sont énormes remonte au temps de l'Oppidum Ubiorum, soit au moins à 50 avant J. C. (Sa découverte date de 1965.)

Der Römerturm, früher auch Musivturm genannt, steht als besterhaltener Turm der römischen Stadtbefestigung an der Ecke Zeughausstraße — St. Apernstraße. Er war der nordwestliche Eckturm der römischen Stadtbefestigung von etwa 50 n. Chr. Gesims und Zinnenkranz 19. Jahrhundert. Bemerkenswerte farbige Ornamente, Halbkreise, Kreise und Tempel.

The Roman tower is the best surviving example of the Roman fortifications of the city and will be found at the corner of Zeughausstraße — St. Apernstraße. It was the North West corner tower of the Roman city defences dating from approximately 50 A. D. Cornice and battlements were added in the 19th Century. Remarkably colourful decoration: semi-circles, circles and temple arches.

La Römerturm, que l'on appelait aussi Musivturm par le passé, constitue la tour la mieux conservée de l'ancienne fortification romaine de la ville. Elle se situe à l'angle de la Zeughausstraße et de la St. Apernstraße. Elle joua le rôle de tour d'angle de la cité romaine fortifiée et ceci à partir de 50 avant J. C. Bandeau et créneaux du XIXème siècle. Remarquable ornements colorés, demicercles, cercles et temple.
▽

LE PASSÉ ROMAIN

Nicht zufällig stehen diese beiden römischen Torbogen übereinander. Der obere größere Bogen (Römisch-Germanisches Museum) mit der lesbaren Inschrift CCAA (Colonia Claudia Ara Agrippinensium) und einer getilgten Inschrift war der mittlere Bogen des römischen Nordtores, während der kleinere, der heute auf der Domterrasse steht, einer der Seitenbögen desselben Tores, das später Pfaffenpforte (Porta Paphia) genannt wurde, darstellte. Von diesem römischen Nordtor ging einst die Hauptstraße der Cardo maximus in Richtung der heutigen Hohe Straße bis zur Porta Alta — Hohe Pforte. Der kleinere Bogen des Nordtores ergibt einen Abglanz einer antiken Situation und wird besonders von Jugendlichen belagert.

These two Roman arches are not accidentally placed one above the other. The upper, larger arch (Roman-Germanic Museum) with the legible inscription CCAA (Colonia Claudia Ara Agrippinensium) and one deleted inscription was the central arch of the Roman North gate, whereas the smaller arch, which now stands on the Cathedral Slab, contained one of the side-doors of the same gate, later known as Porta Paphia (Parsons Gate). Starting from this Northern Roman gate, the cardo maximus, the main road, once passed towards the Hohe Straße to the Porta Alta — Hohe Pforte (High Gate). The smaller arch of the North gate reflects the glory of the antique form and is frequented above all by young people.

Ce n'est pas un hasard si ces deux arcs romains se superposent l'un à l'autre. L'arc supérieur (Römisch-Germanisches-Museum), portant, lisible, l'inscription CCAA (Colonia Claudia Ara Agrippinensium), ainsi qu'une autre, effacée, constituait l'arc central de la porte romaine du nord, tandis que l'autre, installé aujourd'hui sur l'esplanade de la cathédrale, représentait un des arcs latéraux de cette même porte qui fut dénommée plus tard Pfaffenpforte (Porta Paphia). Autrefois, la grande route de la Cardo maximus partait de cette porte romaine et allait vers l'actuelle Hohe Straße jusqu'à la Porta Alta — Hohe Pforte. L'arc inférieur de cette porte du nord reflète ce qu'était la vie dans l'antiquité, et c'est autour de lui que les jeunes d'aujourd'hui viennent se réunir.

DIE RÖMISCHE VERGANGENHEIT — THE ROMAN PAST

◁ Eine Exkursion in Kölns Unterwelt führt uns zunächst in das Praetorium, den ehemaligen Regierungssitz des römischen Gouverneurs (1. – 4. Jh. n. Chr.) von Niedergermanien in Köln, unter dem Spanischen Bau des Rathauses. Die komplizierte Baugeschichte des Praetoriums wurde von G. Precht im einzelnen recherchiert. Unser Foto macht deutlich, daß sich vermutlich ähnliche Pilastervorsprünge der Außenmauer auf Blendarkaden an Kirchen in romanischer Zeit in Köln ausgewirkt haben.

An excursion to the underworld of Cologne would first of all take us to the Praetorium, a former seat of government of the Roman Governor (1st – 4th Century A.D.) of lower Germania in Cologne, now underneath the "Spanish Building" of the new Town Hall. The complicated history of construction of the Praetorium has been investigated in detail by G. Precht. Our photograph illustrates clearly that it is likely that abutments similar to those of the outside wall had an effect on the shape of the arcatures on churches from the Romanesque period in Cologne.

Une excursion dans le monde souterrain de Cologne nous emmène tout d'abord à l'ancien siège du gouverneur romain, le prétoire (du Ier au IVème siècle après J. C.), d'où il dirigeait la Basse Germanie. Le prétoire se trouve sous le bâtiment espagnol de la mairie. G. Precht a entrepris une étude détaillée de l'histoire de la construction du prétoire. La photo montre clairement que des pilastres en saillie présumés identiques et appartenant au mur extérieur ont influencé les arcades feintes des églises romanes de Cologne.

◁ In der Tiefgarage unter dem Dom (West) ist ein Stück der römischen Stadtmauer mit einem Mauerdurchbruch des 11. Jahrhunderts, der von Erzbischof Anno 1074 als Fluchtweg aus der Stadt Köln benutzt wurde.

In the underground garage beneath the Cathedral (West) there is a piece of the Roman city wall with a break-through from the 11th Century which was utilised by Archbishop Anno 1074 as an escape route from the City of Cologne.

Dans le parking souterrain placé sous la cathédrale (à l'ouest), il existe une partie du mur romain coupé d'une brèche remontant au XIème siècle et dont profita en 1074 l'archevêque Anno pour s'enfuir de la ville.

LE PASSÉ ROMAIN

Blick von Westen in die Apsis einer Palastaula (beim Rathaus), die zum Praetorium gehörte. Precht datiert diese Aula in die Periode III, 1 des Praetoriums, also in die Zeit um 180 nach Christus. Das sichtbare Stück des halbrunden Baus dürfte der Feuerungsraum gewesen sein. Mittelalterlicher Tuffbrunnen.

View from the West to the apsis of a palace hall (near the Rathaus), which formed part of the Praetorium. Precht dates this great hall to period III, 1 of the Praetorium, which is the time after 180 A.D. The visible part of the semi-circular building is likely to have been the heating centre. Medieval well made of tufa-stone.

Prise de l'ouest, voici une vue de l'abside de l'auditorium (proche de la mairie) ayant fait partie du prétoire. Selon Precht, cet auditorium remonte à la période III, I du prétoire, soit aux environs de 180 après J. C. Le foyer devait être la partie visible de la construction semi-circulaire. Fontaine moyenâgeuse en tuf.
▽

Römische Wasserleitung aus dem ▷ Vorgebirge am Wallraf-Richartz-Museum/Museum Ludwig. Dieses Teilstück erinnert an die römische Wasserleitung, die aus Hermülheim aus mehreren Bächen gesammeltes Wasser nach Köln führte. Die Wasserleitung war 50 n. Chr. in Betrieb. Unser Teilstück wurde 1930 aus dem unterirdischen Teil der Wasserleitung aus Efferen ausgebaut.

Roman water pipes from the Vorgebirge Hills, now near the Wallraf-Richartz-Museum / Museum Ludwig. This short section is part of the Roman water pipe which took water collected from several brooks in Hermülheim to Cologne. The water pipe was in operation about 50 A.D. Our section was removed in 1930 from the underground part of the water line near Efferen.

Conduite d'eau romaine provenant du Vorgebirge et exposée au Wallraf-Richartz-Museum / Museum Ludwig. Cette pièce rappelle des conduites similaires qui, à partir de Hermülheim, amenaient à Cologne l'eau captée dans divers ruisseaux. Ce système était en fonctionnement aux environs de 50 après J. C. La pièce exposée provient d'Efferen d'où elle fut extraite du sol en 1930.

DIE STADTTORE

THE CITY GATES

Ausdruck des trutzigen und wohlbewehrten mittelalterlichen Kölns sind die nach dem Schließen der Stadtmauern 1881 noch erhaltenen Torburgen und Türme der Stadtbefestigung. Die Eigelsteintorburg aus der Zeit vor 1250 war praktisch ein vorgeschobenes Nordtor von Köln. Es handelt sich um ein dreigeschossiges Doppelturmtor. Hier sehen wir die spitzbogige Öffnung des Tores zur ehemaligen Feldseite (Nordseite). Auf beiden Seiten des Mittelstückes sind runde Flankentürme mit Zinnen zur Feldseite und eine neuzeitliche, nach altem Vorbild gebaute Wurfgalerie. Im unteren Teil des Mauerwerks wurde Säulenbasalt verwandt, im oberen Tuff. Rechts oben erkennen wir die um 1400 stadtseitig an die Stadtmauer des 12. Jahrhunderts angebaute Gereonsmühle. Rundbogig miteinander verbundene Pfeiler tragen den Mühlengang. Das Hahnentor (nach 1250) ähnelt von seiner Feldseite dem Eigelsteintor. Die rundbogige Stadtseite wurde nach dem Krieg teilweise modern restauriert.

The doorways and towers of the city fortifications which were left after the walls of the city were closed in 1881 are evidence of a defiant and well-defended medieval Cologne. The Eigelstein gate from the period before 1250 was literally the Northern outpost of Cologne. It was a three-storeyed gate with twin towers. Here we see the archivolt of the gate facing the fields (North side). On both sides of the centre there are circular towers with crennelated battlements and a gallery. The lower part of the brickwork was built from columnar basalt. The upper part was tufa stone. At the top right the Gereonsmühle (about 1400) can be seen near the city walls dating from the 12th Century. Pylons linked with semi-circular arches support the mill train. The Hahnentor (after 1250) resembles the Eigelsteintor on the field side. The town-side with its circular arches was restored after the war, partly in a modern idiom.

LES PORTES DE LA VILLE

Après le démantèlement des murs en 1881, les portes fortifiées et les tours de la fortification de Cologne continuèrent à montrer, par leur état de conservation, que la cité moyenâgeuse était fière et imposante. Avant 1250, l'Eigelsteintorburg constituait pratiquement une porte nord avancée de la ville. Il s'agit d'une porte à trois étages à double tour. Nous pouvons voir ici l'ouverture ogivale de la porte donnant vers l'ancien côté campagne (côté nord). Sur les deux côtés de la pièce centrale, deux tours de flanc pourvues de créneaux côté campagne, et une galerie-lançoir de construction récente reproduite d'après un modèle d'époque. La partie inférieure de la maçonnerie est en coulée basaltique et la partie supérieure en tuf. En haut à droite, le Gereonsmühle, moulin construit vers 1400 contre le mur de la ville datant du XIIème siècle. Les piliers reliés par des voûtes en plein-cintre supportent le mécanisme à broyer. La Hahnentor (postérieure à 1250) ressemble, vue du côté campagne, à l'Eigelsteintor. Le côté ville, voûté en plein-cintre, fut restauré de façon moderne après la guerre.

DIE STADTTORE

THE CITY GATES

Die Ulrepforte (rechts) ist auf Turmresten des 13. Jahrhunderts im zweiten Drittel des 15. Jahrhunderts zu einem Mühlenturm umgebaut worden. Der Mühlenumgang auf der Stadtseite ähnelt der vorher im Bild gezeigten Gereonsmühle. Heute ist die Ulrepforte das Vereinshaus der „Roten Funken von 1827", einer prominenten Karnevalsgesellschaft. Das viergeschossige Severinstor (unten) aus dem frühen 13. Jahrhundert bewacht die alte Straße nach Bonn im Süden der Stadt. Den abgekanteten Turm mit Zinnen zur Feldseite flankieren runde Geschützkammern des 16. Jahrhunderts. Die Bottmühle (links) zwischen Severinstor und Bayenturm stammt aus der Zeit von 1677/78. Sie war eine Turmwindmühle, die Ende des 19. Jahrhunderts ein weiteres Stockwerk bekam.

The Ulrepforte (right) was converted from the remnants of a defensive tower of the 13th Century into a mill-tower in the middle of the 15th Century. The mill gallery on the town-side resembles that of the Gereonsmühle shown on the previous picture. Today the Ulrepforte is the Headquarters of the "Rote Funken von 1827", a prominent carnival society. The four-storey Severinstor (bottom) from the early 13th Century dominates the old road to Bonn in the

LES PORTES DE LA VILLE

South of the city. The squarish tower with its battlements on the field side is flanked by circular cannon rooms dating from the 16th Century. The Bottmühle (left) between the Severinstor and Bayenturm dates from 1677/78. This was a windmill to which an additional storey was added at the end of the 19th Century.

La «Ulrepforte» (à droit), placée sur les restes d'une tour datant du XIIIème siècle, a été transformée en moulin dans la seconde moitié du XVème siècle. Le pourtour du moulin côté ville ressemble au Gereonsmühle photographié à la page précédente.

Aujourd'hui, la Ulrepforte est le lieu de réunion de l'association carnavalesque «Rote Funken von 1827». La Severinstor, tour à 4 étages (en bas) remonte au début du XIIIème siècle et surveille l'ancienne route menant à Bonn. La tour biseautée avec créneaux côté campagne est flanquée de salles abritant des canons et construites au XVIème siècle. Le Bottmühle (à gauche) entre la Severinstor et la Bayenturm remonte à 1677/78. Il s'agissait d'un moulin à vent en forme de tour qui fut surélevé d'un étage à la fin du XIXème siècle.

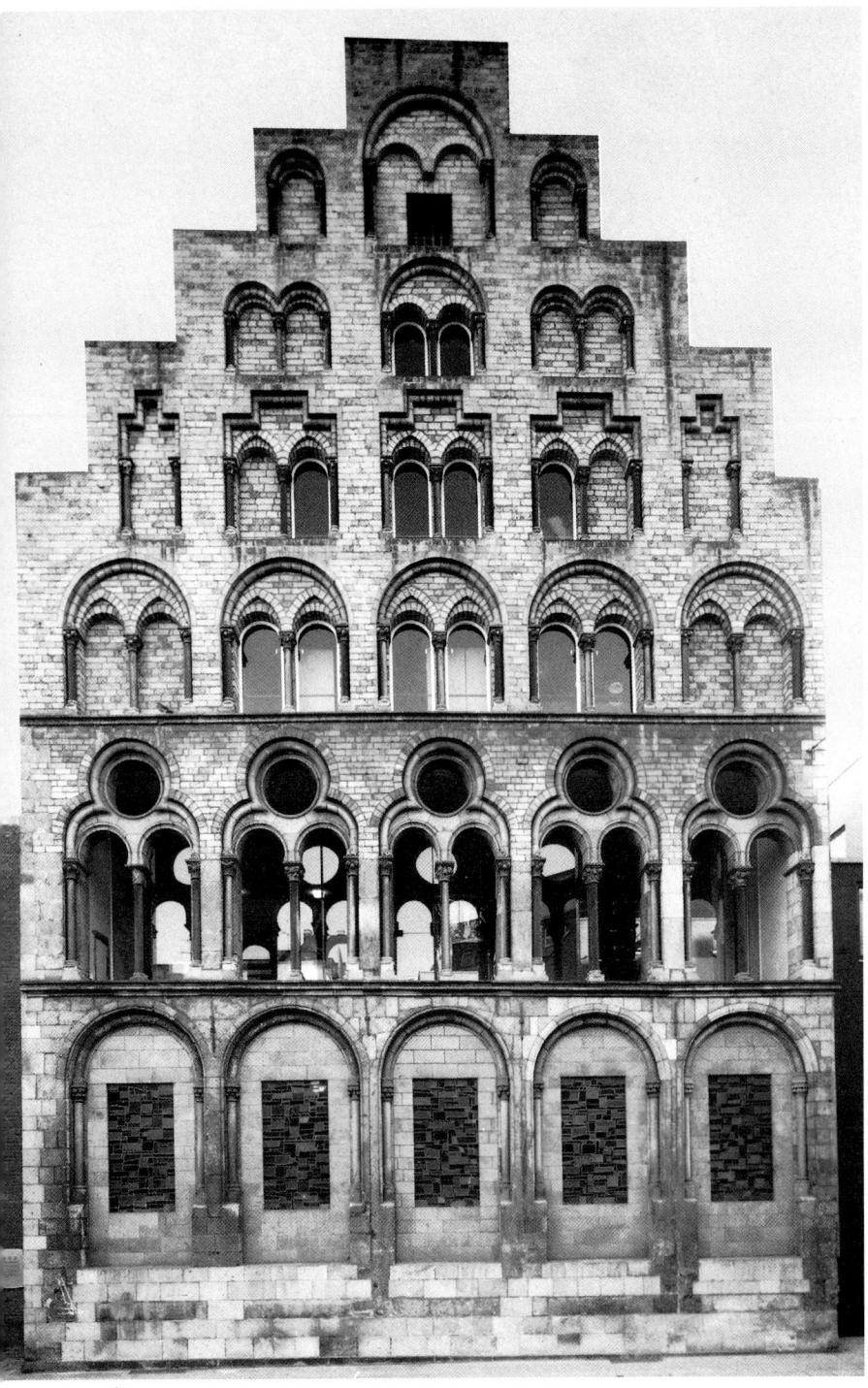

ARCHITEKTUR VERGANGENER JAHRHUNDERTE — ARCHITECTURE OF PAST CENTURIES

Das Overstolzenhaus (Rheingasse), ein Patrizierhaus aus der ersten Hälfte des 13. Jahrhunderts, dient zur Zeit als Kunstgewerbemuseum. Ursprünglich hatte dieses beste Beispiel eines bürgerlichen Profanbaus in Deutschland aus dieser Zeit zwei Wohn- und vier Speichergeschosse hinter einem imposanten Stufengiebel mit biforienhaften Fenstern, die in der Belle Etage zusätzlich mit Rundfenstern ausgestattet sind.

The Overstolzenhaus (Rheingasse), a Patrician house dating from the first half of the 13th Century, now serving as art and craft museum. Originally this excellent example of profane architecture of the period in Germany consisted of two living and four storage floors behind an imposing stepped gable with double-breasted windows which, on the mezzanine floor, have additional circular elements.

L'Overstolzenhaus (Rheingasse), maison patricienne de la première moitié du XIIIème siècle sert actuellement de musée des arts décoratifs. Cette construction bourgeoise profane, constituant le meilleur exemple du genre en Allemagne pour cette époque, possédait à l'origine deux étages d'habitation quatre étages-greniers logés derrière un important pignon redenté avec fenêtres en doublets lesquelles, au «bel étage», sont pourvus en plus de fenêtres rondes.

ARCHITECTES DES SIÈCLES PASSÉS

◁ Blick auf das historische Rathaus mit seinem wiedererbauten, reich gegliederten 61 m hohen gotischen Rathausturm (ursprünglich 1407 – 1417 von den Zünften erbaut) und die von W. Vernukken von 1569 – 1573 erbaute Rathauslaube, die wie ein dem Rathaus vorgesetzter fünfachsiger Lettner wirkt.

View of the historic Rathaus (Town Hall) with its rebuilt Gothic tower of 61 m height (originally built in 1407 – 1417 by the Guilds) and the Patio built by W. Vernukken between 1569 and 1573 which resembles a rood screen with 5 axes placed in front of the main building.

Vue sur la mairie historique avec sa tour gothique reconstruite de 61 m de haut. (Construite une première fois par les corporations de 1407 à 1417). Vue aussi sur les arcades de la mairie, construites de 1569 à 1573 à W. Vernukken. Ces arcades donnent l'impression d'un jubé à cinq dimensions placé devant la mairie.

Der Gürzenich, das traditionelle Festhaus der Stadt in Rathausnähe (1437 – 1444) hat seinen Namen von einem damals in dieser Gegend wohnenden Adelsgeschlecht. Das Gebäude erinnert an prunkvolle Empfänge von Kaisern und Königen in Köln und ist heute Veranstaltungszentrum.

The Gürzenich (built 1437 – 1444), the traditional feasting house of the city close to the Rathaus. It got its name from the noble family resident in this district at that time. The building brings back memories of splendid receptions for emperors and kings in Cologne and continues today as the City's Civic Reception building.

La Gürzenich, la traditionnelle maison des fêtes de la ville, à proximité de la mairie (1437 – 1444) tient son nom d'une famille noble ayant à l'époque habité dans les environs. L'édifice rappelle les réceptions somptueuses données en l'honneur des empereurs et des reines, et sert aujourd'hui de centre de manifestations culturelles. ▽

ARCHITEKTUR VERGANGENER JAHRHUNDERTE
ARCHITECTURE OF PAST CENTURIES

Nur wenige alte Bürgerhäuser konnten nach dem Krieg wieder hergestellt werden. Das Overstolzenhaus haben wir kurz behandelt. Auf diesen Seiten begegnen wir nun von links nach rechts den Doppelhäusern „Zur Bretzel" und „Zum Dorn" an der Ecke Lintgasse/Alter Markt, dem Haus Balchem „Zum Goldenen Bären" an der Severinstraße 15 und dem Haus „Zum St. Peter", Ecke Heumarkt/Seidmachergäßchen. Chronologisch ist das Haus „Zum St. Peter" das älteste der drei Häuser. Es stammt aus dem Jahr 1568, es folgen die Häuser „Zur Bretzel" und „Zum Dorn" 1580. Das Haus Balchem wurde 1676 als Brauerei gebaut. Gemeinsam haben alle Häuser relativ eng gereihte Kreuzstockfenster. Die renaissancehaften, etwas manierierten Volutengiebel der beiden älteren Häuser waren typisch für die Häuser angesehener Kölner Kaufleute des 16. Jahrhunderts im Bereich der Altstadt. Behäbiger und aufgelöster in dem dreifach gebrochenen Giebel wirkt das eher barocke Haus Balchem. Der Erker mit reichem Knorpelwerk wird von zwei korinthischen Säulen, die den Haupteingang flankieren, getragen.

Only a few of the old burgher houses were capable of being restored after the war. We have already briefly dealt with the Overstolzenhaus. On these pages we now meet from left to right the double-gabled houses "Zur Bretzel" and "Zum Dorn" at the corner of Lintgasse/Alter Markt, the Haus Balchem "Zum Goldenen Bären" in Severinstraße 15 and the house "Zum St. Peter" at the corner of Heumarkt/Seidmachergäßchen. Chronologically speaking, the house "Zum St. Peter" is the oldest of the three, dating from 1568. The houses "Zur Bretzel" and "Zum Dorn" follow in 1580. Haus Balchem was built in 1676 as a brewery. All houses have relatively close rows of cross-braced windows in common. The Renaissance-like, slightly manneristic volute gables of the two older houses were a typical feature of the houses of well-respected 16th Century citizens of Cologne living in the old town. Haus Balchem, with a broken-up gable structure appears more Baroque and creates a generally more relaxed impression. The oriel with its rich decoration is supported on two Corinthian colums which flank the main entrance.

ARCHITECTES DES SIÈCLES PASSÉS

Peu de maison bourgeoises purent être reconstruites après la guerre, sauf l'Overstolzenhaus dont il vient d'être brièvement question. Sur ces deux pages apparaissent, de gauche à droite, les maisons doubles «Zur Bretzel» et «Zum Dorn» à l'angle de la Lintgasse et de l'Alter Markt; la maison Balchem «Zum Goldenen Bären» au 15 de la Severinstraße et la maison «Zum St. Peter», à l'angle du Heumarkt et de la Seidmachergäßchen. Historiquement, la maison «Zum St. Peter» est la plus ancienne des trois. Elle remonte à 1568. Puis viennent les maisons «Zur Bretzel» et «Zum Dorn», datant de 1580. La maison Balchem fut construite en 1676 pour servir de brasserie. Toutes ces maisons ont en commun des fenêtres à croisées en rangs relativement serrés. Les pignons à volutes un peu maniérés de style renaissance caractérisaient au XVIème siècle les maisons des commerçants les plus en vue de la vieille ville. De par son pignon à triple rupture, la maison Balchem, plutôt baroque, donne une impression plus cossue et plus dispersée. Le cabinet saillant aux riches ornements est soutenu par deux colonnes corinthiennes flanquant l'entrée principale.

ARCHITEKTUR VERGANGENER JAHRHUNDERTE — ARCHITECTURE OF PAST CENTURIES

Die Treppengiebel über dem langgestreckten Ziegelbau des Zeughauses (1594 – 1606) gehören zur Rückseite des seit 1956 als Stadtmuseum genutzten Gebäudes. Die Südseite des Zeughauses entstand auf der römischen nördlichen Stadtmauer.

The stepped gables of the long brick building of the Zeughaus (1594 – 1606) form part of the rear of the building which has been used as the City Museum since 1956. The Southern frontage of the Zeughaus was built on the Roman Northern city wall.

Les pignons à gradins au-dessus de la longue construction en briques de la Zeughaus (de 1594 à 1606) sont placés à la partie postérieure de l'édifice utilisé comme musée de la ville de Cologne depuis 1956. Le côté méridional de la Zeughaus s'appuie sur le mur romain septentrional de la ville.

Die unten gezeigte Mauer gehört zur preußischen Erweiterung der Stadtbefestigung Köln (vor 1840), dem Fort X am Neusser Wall.

The wall in the lower picture forms part of the Prussian extension of the fortification of Cologne (before 1840) near the Neusser Wall, known as Fort X.

Le mur visible en bas est une partie de l'extension par les Prussiens des fortifications de Cologne (avant 1840), il s'agit du fort X sur la Neusser Wall.

Das Haus Glockengasse der Kölner Weltfirma 4711 am Opernplatz wurde zwar nach dem Krieg wieder aufgebaut, strahlt aber noch etwas von der Bautradition Kölner Repräsentativbauten des 15. Jahrhunderts aus.

The house Glockengasse, the birthplace of the famous Eau de Cologne 4711 at the Opernplatz was completely rebuilt after World War II. Despite this it manages to convey the tradition of representative buildings in Cologne in the 15th Century.

La maison Glockengasse appartenant à la société 4711, située sur l'Opernplatz et connue dans le monde entier pour son eau de Cologne, fut reconstruite après la guerre, mais fait toujours rayonner cette tradition architecturale qu'avaient les édifices représentatifs au XVème siècle.

ARCHITECTES DES SIÈCLES PASSÉS

ARCHITEKTUR VERGANGENER JAHRHUNDERTE | ARCHITECTURE OF PAST CENTURIES

ARCHITECTES DES SIÈCLES PASSÉS

Durch die Bemühungen des Stadtkonservators hat sich ein neues Bewußtsein für die Bürgerbauten der Gründerzeit entwickelt. Viele dieser Bauten sind restauriert worden. Lange verschmähte historische Elemente in den Fassadenensembles werden gepflegt und gelten als anheimelnde Markierungen des Straßenbildes. Links: Severinstraße, rechts: Hansaring, unten: Volksgartenstraße und Ubierring.

The efforts of the conservator of the city led to the evolution of a new awareness of the burgher-houses built during the 1870's. Many of these buildings have now been restored. Many historic elements of the frontages long disregarded are now being nursed and are regarded as familiar landmarks in the streets. Left: Severinstraße; Right: Hansaring; Bottom: Volksgartenstraße and Ubierring.

Grâce aux efforts du conservateur de la ville, il s'est créé une attitude consciente vis-à-vis des maisons bourgeoises du Moyen-Age. Nombre d'entre elles ont été restaurées. Certains éléments de façades, longtemps dédaignés et délaissés, sont maintenant entretenus et embellissent le cachet des rues. A gauche, la Severinstraße et à droite, le Hansaring; en bas, la Volksgartenstraße et l'Ubierring.

DAS NEUE KÖLN

THE NEW COLOGNE

LA NOUVELLE COLOGNE

Das Opernhaus wird spöttisch in Köln „das Grabmal des unbekannten Intendanten" genannt. Zwei schräggestellte, an Pyramiden erinnernde Pylonen bilden einen nicht zu übersehenden Akzent des Stadtbildes. Das Gebäude, das im Innern mit seinem Loggienprinzip bewußt die London Royal Festival Hall weiterentwickelt, wurde 1954 – 1957 durch Wilhelm Riphahn und Mitarbeiter konzipiert. Auf unserem Foto schließt sich links das Schauspielhaus (1960–1962) an.

The natives of Cologne refer to their opera house as "The Tomb of the Unknown Director-General". Two inclined pylons reminiscent of Ptolemaic temples form an unmistakeable feature of the city. The building has an interior in a Loggia style which has been freely evolved from the design of the London Royal Festival Hall. Conceived in 1954 – 1957 by Wilhelm Riphahn and his colleagues. Our photo also shows the Playhouse on the left which was added between 1960 and 1962.

L'opéra de Cologne est souvent appelé, par dérision, «La tombe du directeur inconnu». Deux pylones obliques rappelant des pyramides donnent au paysage urbain un contour qui ne saurait passer inaperçu. L'édifice, dont l'intérieur est une reprise volontaire du principe des loggia installées au London Royal Festival Hall, fut conçu de 1954 à 1957 par Wilhelm Riphahn et ses collaborateurs. La photo montre le théâtre (de 1960 à 1962) le jouxtant.

Ebenfalls von Riphahn (1924) ist das Luxusrestaurant Bastei. Auf einem Befestigungsturm des 19. Jahrhunderts erhebt sich auf einem bis zu acht Metern zum Rhein vorspringenden Traggerippe die „Bastei", der Vorläufer vieler später gebauter Turmrestaurants.

The luxury restaurant Bastei was also created by Riphahn (1924). On a fortification tower dating from the 19th Century there is a supporting structure extending up to a distance of 8 m towards the Rhine and this carries the Bastei, the precursor of many tower-restaurants built very much later.

Le restaurant de luxe «Bastei» («La bastide») est aussi l'oeuvre de Riphahn (1924). Le Bastei, précurseur de nombreux restaurants de cette conception, repose sur une nervure portante faisant saillie vers le Rhin sur plus de huit mètres. L'ensemble a été construit sur une tour de fortification datant du XIXème siècle.

Das Düsseldorfer Architektenteam Hentrich und Petschnigg baute das sogenannte Vierscheibenhaus des WDR (1970). Die WDR-Gebäude ziehen sich etwa „wie ein Kamm in der Butter" vom Wallrafplatz bis zur Neven-DuMont-Straße. Hentrich und Petschnigg planten auch das Verwaltungsgebäude der Klöckner-Humboldt-Deutz AG in Deutz und weitere Verwaltungsgebäude.

The Düsseldorf architect team Hentrich and Petschnigg were the builders of the so-called "Vierscheibenhaus" of the WDR (in 1970). The WDR buildings extend almost "like a comb drawn through butter" from the Wallrafplatz to the Neven-DuMont-Straße. Hentrich and Petschnigg also designed the headquarters of Klöckner-Humboldt-Deutz AG in Deutz and other company headquarters.

Hentrich et Petschnigg, architectes associés de Düsseldorf, construisirent la fameuse Vierscheibenhaus (maison en quatre tranches) de la WDR, en 1970. Tels un «peigne dans le beurre», les bâtiments de la WDR s'étirent de la Wallrafplatz à la Neven-DuMont-Straße. Ces deux architectes ont aussi à leur actif les plans de la société Klöckner-Humboldt-Deutz AG à Deutz ainsi que d'autres bâtiments administratifs.

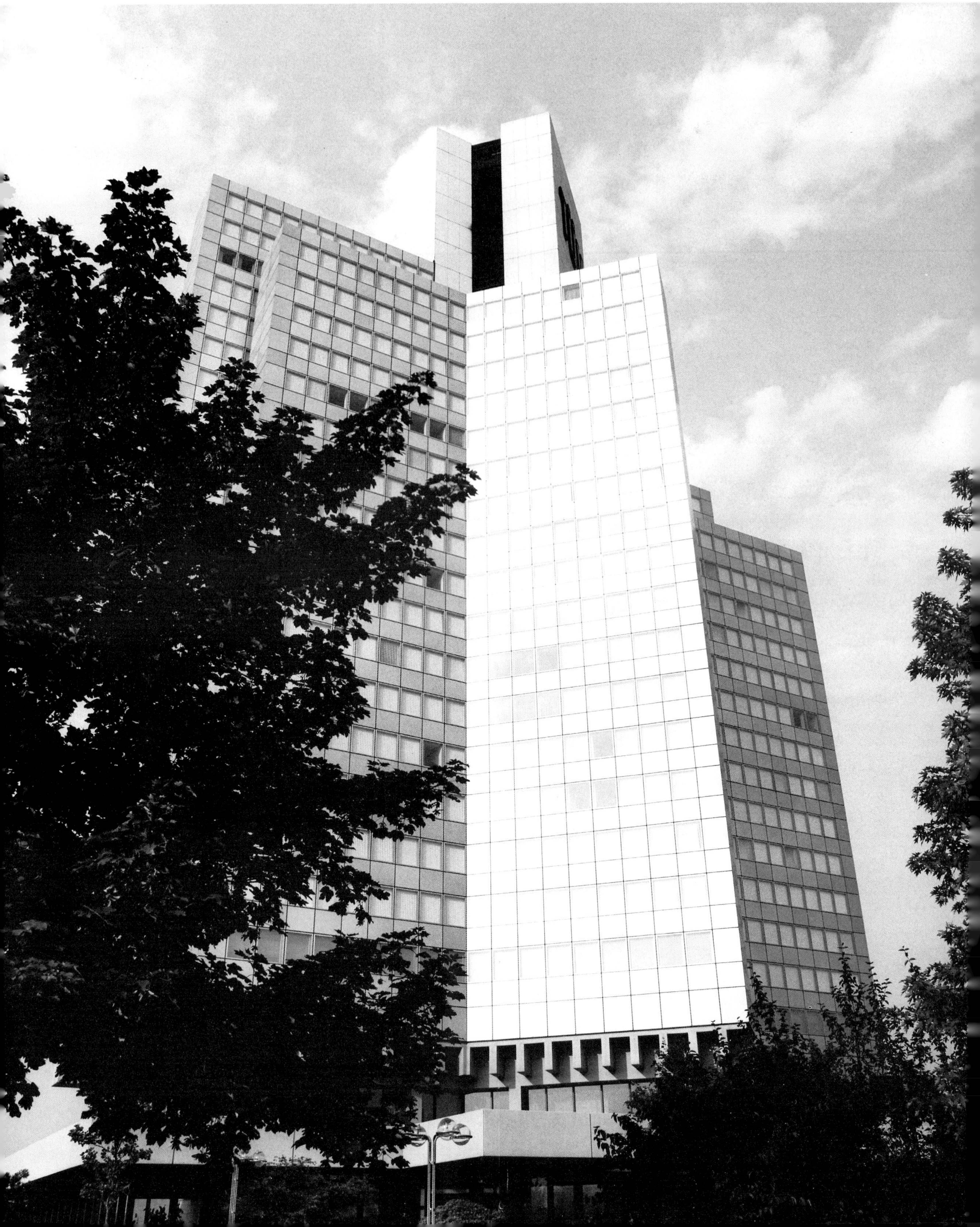

Die Hochhäuser in Köln erheben sich eher wie Festungstürme im geziemenden Abstand von Dom und Stadtmitte. Statt zu einer manhattenhaften Stadtsilhouette neigt Köln im Erscheinungsbild mehr zu einer Art Schüsselform mit außen erhöhten Rändern. Ein eher peripher gelegenes Hochhaus ist das vielansichtige Verwaltungsgebäude des TÜV Rheinland, 1972–74 (Hentrich und Petschnigg), bei dem sich verschieden hohe Scheiben um den 112 m hohen Betonturm gruppieren. Das 1980 erweiterte Hauptverwaltungsgebäude der Deutschen Lufthansa-AG (1970–73) in Deutz (G. Baumhögger und J. Mronz) bietet aus allen am Rhein gelegenen Etagen einen märchenhaften Blick auf die Altstadt, verstellt jedoch gewohnte Sichtbezüge von der linken Rheinseite.

In Cologne high-rise buildings appear rather like towers of a fortress at a respectful distance from the Cathedral and the Town Centre. Instead of a tendency to a Manhattan-like silhouette, the appearance of Cologne is more like a bowl with a tall rim. A further high-rise building, almost on the periphery, is the headquarters of the TÜV Rheinland (Technical Inspectorate) with its many architectural features which was built from 1972–1974 (Hentrich and Petschnigg) and here panels of varying height are arranged around a concrete tower 112 m in height. The headquarters of the Deutsche Lufthansa AG (built 1970–1973) in Deutz which was extended in 1980 (G. Baumhögger and J. Mronz) gives a fairytale view of the old city from all storeys which face the Rhine. Nevertheless it blocks familiar views of the left-hand side of the Rhine.

Les gratte-ciel de Cologne s'élèvent un peu à la manière de tours de fortification, mais à une distance respectable de la cathédrale et du centre-ville. Loin de ressembler à Manhattan, Cologne ressemble à une sorte d'écuelle aux bords relevés. L'immeuble administratif des services de contrôle technique automobile (TÜV) de Rhénanie (de 1972 à 1974 par Hentrich et Petschnigg) est un de ces gratte-ciel. Des tranches aux tailles diverses se regroupent autour d'une colonne en béton haute de 112 m. L'immeuble agrandi de la Deutsche Lufthansa AG à Deutz (de 1970 à 1973 par G. Baumhögger et J. Mronz) offre à tous ceux travaillant côté-Rhin une vue féérique sur la vieille ville, tout en modifiant lui-même le panorama qu'offrait avant la rive gauche.

DAS NEUE KÖLN / THE NEW COLOGNE

Ein von Nordosten aufgenommenes Luftbild zeigt die Altstadt-Nord, links unten Konrad-Adenauer-Ufer mit der doppeltürmigen Kirche St. Kunibert, links oben Teile des Hauptbahnhofes, rechter oberer Eckabschnitt Nord-Süd-Fahrt, rechts Thürmchenswall. Aus den einheitlichen Formen hebt sich im Zentrum des Fotos die Staatliche Hochschule für Musik mit roten Farbelementen ab (1973–1976, Werkgruppe 7 und Bauturm). Abgetreppte Fassade der Hochschule – auch linkes Bild unten.

An aerial photo taken from the North East shows the Altstadt Nord, bottom left the Konrad-Adenauer-Ufer with the twin towers of St. Kunibert, top left parts of the Hauptbahnhof (the main railway station), top right corner the North-South axial road and to the Thürmchenswall. At the centre of the photo the Staatliche Hochschule für Musik (State College of Music) stands out with its red colour elements (1973–1976, Werkgruppe 7 and Bauturm). The stepped frontage can also be seen bottom left.

Une photo aérienne prise du nord-est montre le nord de la vieille ville, la Konrad-Adenauer-Ufer en bas à gauche, avec son église St. Kunibert à double tour. En haut à gauche, on voit certaines parties de la gare principale, la ligne nord-sud dans le coin en haut à droite et à droite la Thürmchenswall. Au milieu de ces formes homogènes s'élève le conservatoire d'état avec certains éléments de couleur rouge (de 1973 à 1976, groupe 7 et Bauturm). Façade en gradins aussi visible en bas à droite.

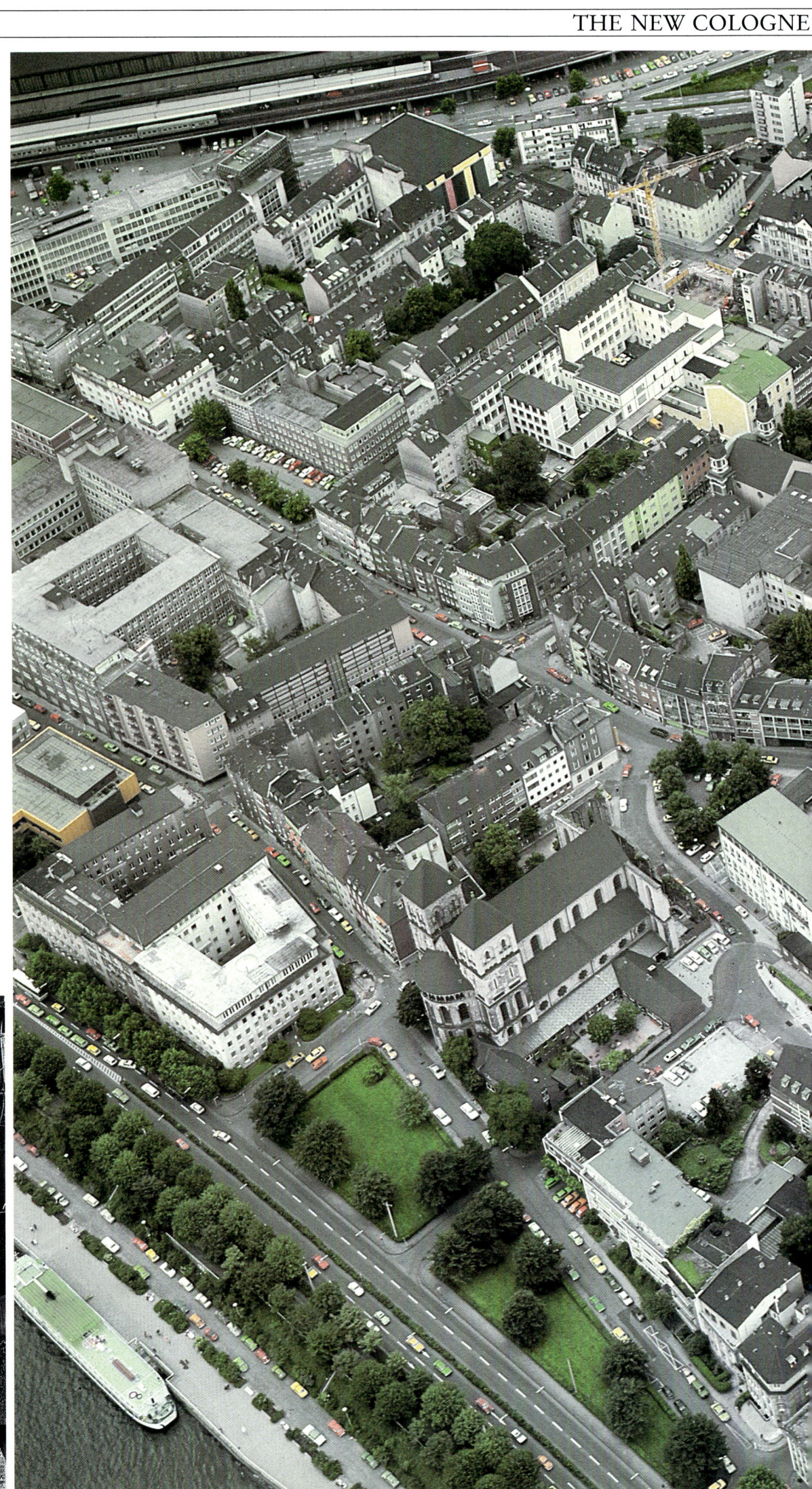

LA NOUVELLE COLOGNE

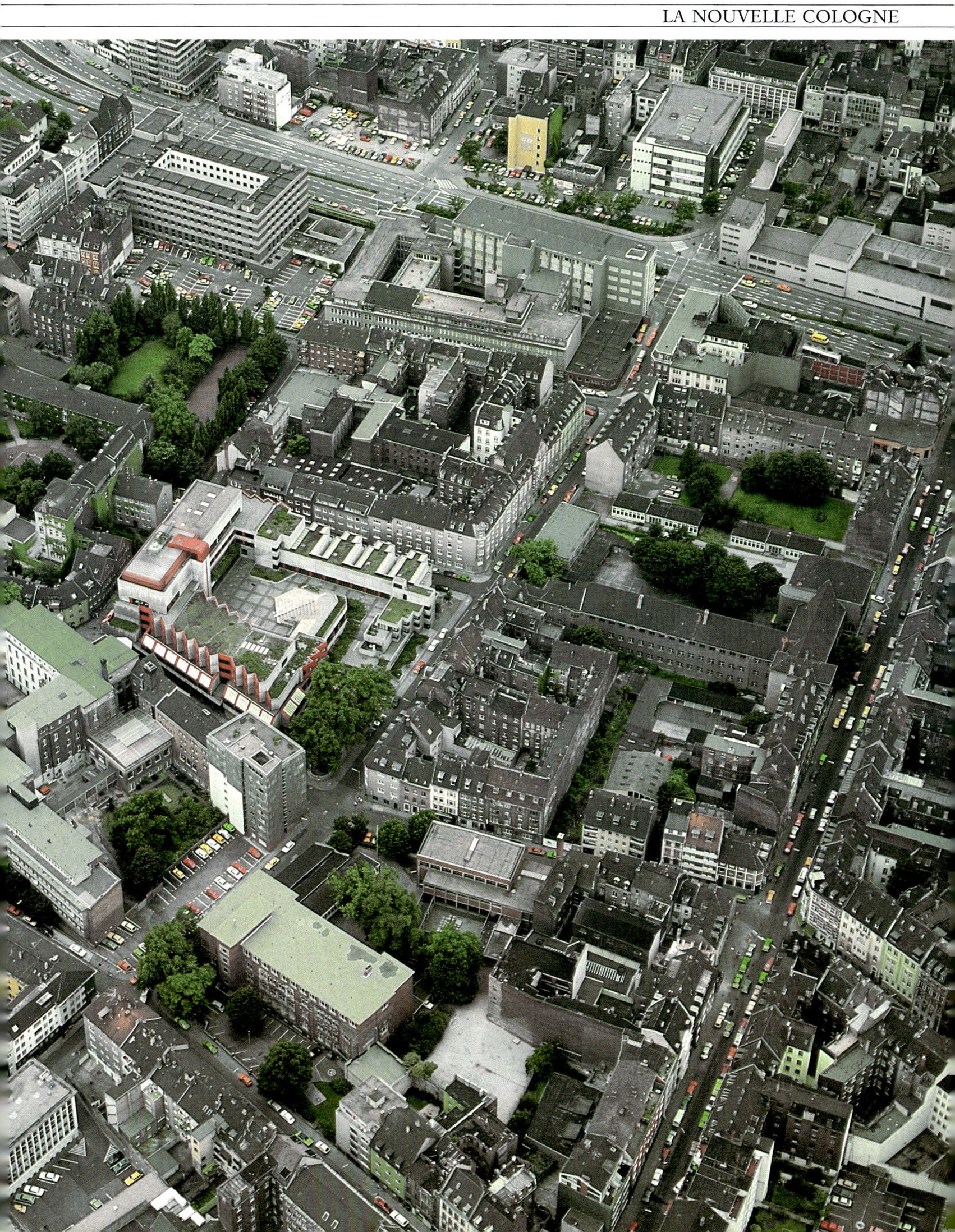

DAS NEUE KÖLN

THE NEW COLOGNE

Im Jahre 1981 erhielt das Architektenehepaar Joachim und Margot Schürmann den ersten Preis im Deutschen Architekturwettbewerb für die baulichen Entwürfe zur Neugestaltung des Martinsviertels nördlich der Kirche Groß St. Martin zwischen Mühlengasse, Mauthgasse und Brigittengasse (1975–1978). Im wesentlichen handelt es sich dabei um einen Wohnkomplex mit Geschäften im Parterre. Der Ausblick zeigt anspruchsvolle Dachwohnungen mit einer bewegten, in den Spitzgiebeln an Früheres anknüpfenden Dachlandschaft. Hufeisenförmig sind die Häuser um einen Hof gruppiert, der den Blick auf Groß St. Martin offen läßt.

In 1981 the architect couple Joachim and Margot Schürmann were awarded the First Prize in the German Architectural Competition inviting designs for re-building the St. Martin's quarter to the North of Groß St. Martin between Mühlengasse, Mauthgasse and Brigittengasse (1975–1978). Essentially, this is a complex of dwelling houses with shops at ground floor level. The view shows attractive penthouse flats in a roof landscape resembling the pointed gables of the past. The houses are grouped in horseshoe fashion around a courtyard which leaves the view of the Groß St. Martin open.

En 1981 le couple d'architectes Joachim et Margot Schürmann reçut le premier prix du concours d'architectes allemands pour leur ébauche de remaniement du quartier «Martinsviertel» au nord de l'église Groß St. Martin, entre les ruelles Mühlengasse, Mauthgasse et Brigittengasse (1975–1978). C'est en premier lieu un complexe résidentiel avec des magasins au rez-de-chaussée. La photo présente des combles luxueusement aménagés, des contours de toiture mouvementés dont les pignons renouent avec la tradition. Le pâté de maisons en U donnant sur un patio ouvre la vue sur l'église Groß St. Martin.

Hochhäuser der Deutschen Welle und des Deutschlandfunks, Raderberggürtel. Die Planungsgruppe Stieldorf erbaute 1976–78 das Hochhaus der Deutschen Welle (links im Bild). Zwei Hochhaustürme flankieren den mittleren Aufzugsturm (137 m). Eine mehrfarbige Isolierverglasung reduziert optisch die Masse des Bauvolumens. Die Architektengruppe Weber-Partner errichtete 1974–1978 das Hochhaus des Deutschlandfunks (rechts). In seiner Hängekonstruktionsbauweise steht das Hochhaus inmitten eines bis zu drei Geschossen hohen Basiskomplexes, der Verwaltung, Technik und Studios beherbergt; die Redaktionen sind im Turm untergebracht (95 m).

Here the high-rise buildings of Deutsche Welle, the Voice of Germany and the Deutschlandfunk, Raderberggürtel. From 1976 to 1978 the Planungsgruppe Stieldorf built the high-rise buildings of the Deutsche Welle (on the left in the picture). Two high-rise towers flank the central lift tower (137 m). Multicoloured, insulating glazing visually lightens the impact of the massive building. The high-rise building of the Deutschlandfunk was built from 1974–1978 by the architectural partnership Weber-Partner (on the right in the picture). Built as a suspended structure the high-rise building stands at the centre of a basic complex up to three storeys high which accommodates the administration, the engineering and the studios. The editorial departments are accommodated in the tower (95 m).

Les immeubles de deux stations de radio: Deutsche Welle et Deutschlandfunk au boulevard Raderberggürtel. L'immeuble de la Deutsche Welle a été exécuté de 1976 à 1978 par le groupe d'étude Stieldorf (à gauche). Deux tours entre lesquelles s'élève celle des ascenseurs (137 m). Les grandes dimensions de l'immeuble se trouvent réduites par un vitrage isolant au coloris différents. La tour de la Deutschlandfunk est l'œuvre du bureau d'architectes Weber-Partner (1974–1978, à droite). En construction suspendue la tour s'élève au milieu d'un complexe atteignant jusqu'à trois étages qui abrite l'administration, les services techniques et les studios. Les services rédactionnels se trouvent dans la tour (95 m).

BRÜCKEN ÜBER DEN RHEIN

BRIDGES ACROSS THE RHINE

LES PONTS SUR LE RHIN

Severinsbrücke von Süden. Die vielbeachtete Severinsbrücke wurde von Gerd Lohmer († 1981) geplant und 1956–1959 erbaut. Sie ist eine Zügelgurtbrücke mit nur einem A-förmigen Pylon vor dem Deutzer Ufer. Die mit ausgewogenen Proportionen erreichte Asymmetrie verleiht der Brücke eine besondere künstlerische Eigenständigkeit. Der Pylon teilt die Brücke im Verhältnis 1 : 2, seine Höhe entspricht einem Sechstel der Brückenlänge. Gesamtlänge 691 m, Stahlgewicht 8300 Tonnen. Lohmer verstand es meisterhaft auch bei anderen Kölner Brücken, die er plante, diese nie zu stark über die natürliche Umgebung dominieren zu lassen. Seine Brücken ordnen sich in das Stadtbild ein.

Severins Bridge from the South. The much-discussed Severins Bridge was designed by Gerd Lohmer (died 1981) and built from 1956–1959. It is a braced cantilever bridge with a single A-shaped pylon standing in front of the Deutz bank. The asymmetrical design with its carefully balanced proportions provides this bridge with a special, artistic individuality. The pylon divides this bridge in the ratio 1 : 2 and its height corresponds to one sixth of the length of the bridge. Overall length: 691 m, weight of steel used 8,300 tons. Lohmer was a master at preventing this and other Cologne bridges he designed from dominating the natural environment. His bridges integrate into the city features.

Le Severinsbrücke pris du sud. Le célèbre Severinsbrücke fut mis à l'étude et construit de 1956 à 1959 par Gerd Lohmer († 1981). Il s'agit d'un pont à câbles en nappes ne possédant qu'un seul pylone en A proche de la rive droite à Deutz. L'asymétrie obtenue avec des proportions judicieuses confère au pont une allure artistique bien particulière. Ce pylone coupe le pont selon un rapport de 1 à 2, et sa hauteur égale le un sixième de la longueur de l'ouvrage. Longueur totale: 691 m. Poids de l'acier utilisé: 8300 tonnes. Lohmer savait – et il le prouva avec d'autres ponts – faire en sorte que l'ouvrage n'écrase pas l'environnement par sa massivité visuelle. De fait, ses ponts se sont intégrés dans le paysage urbain.

BRÜCKEN ÜBER DEN RHEIN

BRIDGES ACROSS THE RHINE

Oben im Vordergrund Drehbrücke des Deutzer Hafens, der 1907 eingerichtet wurde. Herausragender Pylon der Severinsbrücke. Domtürme und Groß St. Martin. Auf dem Foto rechts oben spannen sich die Bogen der Hohenzollernbrücke vom Deutzer Ufer in Richtung Dom. Die Vorgängerbrücke (1907–1911) wurde 1945 gesprengt und nach dem Krieg als Eisenbahn- und Fußgängerbrücke wiederaufgebaut. Reiterstandbilder verschiedener Hohenzollern schmücken die Brücke. Der breite weiße Riegel links vom Dom ist das Römisch-Germanische Museum. Bis 1985 soll ein neuer Museumsbau das Gebiet zwischen dem Römisch-Germanischen Museum und dem Rheinufer einnehmen. Ebenfalls von der Deutzer Seite gesehen ist die Deutzer Brücke (rechts unten). Der Entwurf von Gerd Lohmer und Fritz Leonhardt (Bau 1947–48) verzichtete auf Oberbauten. Die ehemalige Stahlkonstruktion wurde 1980 durch einen Betonteil verdoppelt.

Top: In the foreground the revolving bridge of Deutz Harbour which was built in 1907. In addition, the soaring pylon of the Severinsbridge and the spires of the Cathedral and the tower of Groß St. Martin. On the photo top right, the arches of the Hohenzollernbridge extend from the Deutzer Ufer towards the Cathedral. The predecessor of this bridge (1907–1911) was blasted in 1945 and, after the war, it was re-built purely as a railway and pedestrian bridge. Equestrian statues of various Hohenzollern monarchs decorate the entrances to the bridge.

LES PONTS SUR LE RHIN

The white bar to the left of the Cathedral is the Roman-Germanic Museum. By 1985 a further museum will occupy the area between the "Römisch-Germanisches Museum" and the bank of the Rhine. Another view from the Deutz side of the city shows the Deutz Bridge (bottom right). This design by Gerd Lohmer and Fritz Leonhardt (built 1947–1948) dispensed with a superstructure. The former steel structure was doubled in size in 1980 by the addition of a parallel, concrete span.

En haut au premier plan, le pont tournant du port de Deutz, construit en 1907. Pylone jaillissant du Severinsbrücke. Tours de la cathédrale et Groß St. Martin. Dans la photo du haut, à droite, les arches du Hohenzollernbrücke partent de la Deutzer Ufer en direction de la cathédrale. L'ancien pont, construit de 1907 à 1911, fut dynamité en 1945. Reconstruit après la guerre, il sert de pont ferroviaire et piétonnier. Des statues équestres de divers Hohenzollern viennent relever la décoration de l'ouvrage. La large bande blanche à gauche de la cathédrale, c'est le Römisch-Germanisches Museum. Un nouveau musée dont la finition est prévue pour 1985, viendra occuper l'emplacement entre le Römisch-Germanisches Museum et les berges du Rhin. En bas à droite, voici le Deutzer Brücke, pris également de la rive droite à Deutz. Dans leur projet, Gerd Lohmer et Fritz Leonhardt renoncèrent aux superstructures (construction de 1947 à 1948). En 1980, l'ancienne structure en acier s'est vue doublée d'une partie en béton.

AM RANDE BEMERKT — MARGINAL REMARKS

Schloß Arff, am nördlichen Stadtrand gelegen, wurde bereits 1366 erwähnt. Nach Plänen des kurkölnischen Baumeisters M. Leveilly entstand um 1750 eine bemerkenswerte Maison de plaisance mit einer Aussichtslaterne über dem hohen Mansardendach. Die Dünnwalder Pfarrkirche St. Nikolaus (rechtes Bild) ist die ehemalige Klosterkirche eines Prämonstratenserinnenklosters des 12. Jahrhunderts, das wahrscheinlich schon 1118 als Augustinerchorherrenstift gegründet wurde.

Schloss Arff, at the Northern edge of the city, is first mentioned in 1366. Here, in accordance with plans of the electoral master builder M. Leveilly a remarkable Maison de Plaisance was created about 1750, complete with a viewing lantern at the top of the tall mansard roof. The Parish Church St. Nikolaus in Dünnwald (picture right) is the former church of a Premonstratensian monastery dating from the 12th Century which was probably endowed in 1118 by an Augustine canon.

Le château d'Arff, situé à la lisière nord de la ville, est connu depuis 1366. Vers 1750, d'après les plans du maître bâtisseur M. Leveilly, fut érigée une remarquable maison de plaisance avec lanterne-belvédère au-dessus du toit mansardé. L'église paroissiale St. Nikolaus de Dünnwald (photo de droite) est l'ancienne église d'un couvent de prémontrés remontant au XIIème siècle, lequel avait été fondé dès 1118 comme couvent augustinien.

△ Porz-Zündorf – aus Ober- und Niederzündorf bestehend – konnte sein eindrucksvolles mittelalterliches Ortsbild mit Markt, alten Häusern und der Kirche St. Michael (12. Jh.) erhalten. Unten Durchhäuser Hof in Rath/Heumar (Bahnhofstraße 61–65), der seit 1926 zum Gestüt Röttgen gehört. Köln ist ein bedeutendes Zentrum des Galopprennsports. In Köln ist auch der Galopp-Club-Deutschland (600 Besitzer) ansässig.

Porz-Zündorf – consisting of Oberzündorf and Niederzündorf – was able to preserve its impressive medieval appearance with market, old houses and the church of St. Michael (12th Century). Underneath the Durchhäuser Hof in Rath/Heumar (Bahnhofstraße 61–65) which belongs to the Röttgen stud farm since 1926. Cologne is a significant centre for trotting. Cologne is also the headquarters of the Trotting Club of Germany (600 owners).

Porz-Zündorf, composé d'Oberzündorf et de Niederzündorf, a pu conserver sa physionomie moyenâgeuse impressionnante, créée par son marché, ses vieilles maisons et son église St. Michael (XIIème siècle). En bas, la «Durchhäuser Hof» à Rath/Heumar (Bahnhofstraße 61–65), propriété depuis 1926 du haras Röttgen. Cologne est un important centre de courses hippiques. C'est à Cologne aussi que s'est installé le Galopp-Club-Deutschland (réunissant 600 propriétaires).

NOTES EN MARGE

Porz-Wahn. Eine mittelalterliche Wasserburg wurde im 18. Jahrhundert in das kleine Barockschloß Wahn umgewandelt. Hier lagern die Bestände des Kölner Theatermuseums.

Porz-Wahn. A medieval, moated castle was transformed into the small Baroque palace of Wahn in the 18th Century. Here the exhibits of the Cologne Theatre Museum are kept.

Porz-Wahn. Au XVIIIème siècle, un chateau d'eau datant du Moyen-Age fut transformé en édifice baroque dénommé Wahn. C'est ici que sont entroposés les objets du Theatermuseum de Cologne.

Der Thurner Hof in Dellbrück wird mit einer Mühle schon 1322 erwähnt. Heute besteht neben der Hofanlage noch das Fachwerk-Herrenhaus mit hohem Satteldach aus dem 16. Jahrhundert.

The Thurner Hof in Dellbrück is mentioned as early as 1322, together with a mill. Only the half-timbered country house with its tall, 16th Century saddle roof and the yard now remain.

A Dellbrück, le Thurner Hof et son moulin sont recensés dès 1322. Aujourd'hui, à côté de la cour se trouve toujours la maison de maître en treillis avec toit en forme de selle remontant au XVIème siècle.

WIRTSCHAFT UND HÄFEN

THE ECONOMY AND THE PORTS

Links oben: Blick auf den Industriehafen Niehl und das Heizkraftwerk Niehl. Der Ausbau des Niehler Hafens begann in den zwanziger Jahren und wurde Mitte der 50er Jahre fortgesetzt. Er ist für den Umschlag von Massengütern ausgelegt. In den Kölner Häfen werden jährlich ca. neun Millionen Tonnen geladen und gelöscht. Damit nehmen sie einen führenden Platz unter den Rheinhäfen ein. Die Mühlenindustrie nutzt am stärksten den Deutzer Hafen (links unten). Der Flughafen Köln–Bonn (Destinationskürzel CGN) wurde unter der Leitung des Architekten P. Schneider-Esleben 1965–1970 gebaut. Das moderne „Drive-in"-Empfangsgebäude war für spätere Flughäfen Vorbild. CGN ist auch Regierungsflughafen.

L'ÉCONOMIE ET LES PORTS

Top left: View of the industrial port of Niehl and the Niehl thermal power station. The extension of the port of Niehl started in the Twenties and continued in the middle Fifties. This port is designed for the transshipment of bulk goods. Some 9 million tons of goods are loaded and unloaded in the ports of Cologne every year. Accordingly, they occupy a leading position among the Rhine ports. The milling industry uses mainly the Deutz port (bottom left). Cologne-Bonn airport (destination code CGN) was built from 1965–1970 under the supervision of the architect P. Schneider-Esleben. The modern "Drive-In" terminal building became a model for later airports. CGN is also the official airport of the Federal Government.

En haut à gauche: vue du port industriel de Niehl et de la centrale thermique. L'extension du port de Niehl commença dans les années vingt et fut reprise au milieu des années cinquante. Il a été conçu pour manutentionner des produits de grande consommation. Le tonnage des marchandises transitant chaque année par les ports de Cologne s'élève à neuf millions de tonnes environ. D'où une place prédominante dans la liste des ports sur le Rhin. Les minoteries sont celles qui utilisent le plus le port de Deutz (en bas à gauche). L'aéroport de Cologne-Bonn (Code: CGN) fut construit de 1965 à 1970 sour la direction de l'architecte P. Schneider-Esleben. Le bâtiment des voyageurs moderne, avec possibilité de «Drive in», a servi de modèle aux aéroports construits ultérieurement. CGN sert aussi d'aéroport officiel au gouvernement.

WIRTSCHAFT UND HÄFEN

THE ECONOMY AND THE PORTS

Der Verschiebebahnhof Gremberg im Rechtsrheinischen gilt als größter Verschiebebahnhof Deutschlands. Beträchtliche Ausmaße erreicht die Stückgutumladestelle Köln-Gereon, die wir im Foto unten von Nordwesten in einem Luftbild sehen. Das 17geschossige Hochhaus links im Bild ist das sogenannte Hansa-Hochhaus (1924/25 Jakob Koerfer). Das kubisch gestaffelte Hochhaus, heute Sitz des weltgrößten Schallplattengeschäftes Saturn, war zu seiner Erbauungszeit das höchste Hochhaus in Europa (Turmhöhe 65 m). Über der Grünanlage in der Bildmitte das Dekagon von St. Gereon, rechts davon mit Turm, Querbau und halbrundem Gebäude Zentrale des Gerlingkonzerns.

The Gremberg shunting yards on the right-hand side of the Rhine are considered to be the largest shunting yards in Germany. The parcels and cargo station Köln-Gereon is considerable in size, as is evident from the aerial photo below, taken from the North West. The high-rise building on the left with 17 storeys is the so-called Hansa-Hochhaus (1924/1925 Jakob Koerfer). The cubically designed Hochhaus, today seat of the world's largest record shop "Saturn", was the tallest high-rise building in Europe when it was built (height of tower 65 m). Above the small park at the centre of the picture the decagon of St. Gereon, and to the right with tower, connecting building and a semi-circular building, the headquarters of the Gerling Insurance Group.

La gare de triage de Gremberg sur la rive droite du Rhin passe pour la plus grande de toute l'Allemagne. Ainsi que le montre la photo aérienne prise du nord-ouest, le centre de transbordement de Köln-Gereon est d'une taille impressionnante. L' immeuble de 17 étages à gauche de la photo est le fameux Hansa-Hochhaus (de 1924 à 1925 par Jakob Koerfer). L'immeuble cubique à gradins, où siège aujourd'hui la maison d'editions musicales Saturn, de taille mondiale, était à l'époque de sa construction le plus haut immeuble d'Europe (tour de 65 m de haut). Au milieu de l'image, au-dessus de l'espace vert, on peut voir le décagone de St. Gereon avec à sa droite la tour, le transept et le bâtiment semi-circulaire abritant le konzern Gerling.

L'ÉCONOMIE ET LES PORTS

Oben Luftaufnahme von Teilen der Ford-Werke-AG im Kölner Norden. Zur Zeit beschäftigt Ford in Köln knapp 28 000 Personen. Die Klöckner-Humboldt-Deutz AG (unten) hat in Köln ihr Stammwerk mit 17 000 Beschäftigten. KHD ist der größte Dieselmotorenproduzent der Welt. Von 25 Milliarden Jahresumsatz der Kölner Industrie entfallen mehr als 10 Milliarden auf Ford und KHD.

Top: aerial photo of parts of the Ford-Werke AG in the North of Cologne. At present Ford Cologne employs some 28,000 people. Klöckner-Humboldt-Deutz AG (bottom) has the parent house in Cologne with 17,000 employees. KHD is the largest producer of diesel engines in the world. Of the 25 billion DM annual turnover generated by the industry in Cologne, some 10 billion are attributable to Ford and KHD.

En haut, photo aérienne d'une partie des usines Ford dans le nord de la ville. Actuellement, Ford emploie 28 000 personnes. La société Klöckner-Humboldt-Deutz (en bas) a ici ses usines mères occupant 17 000 personnes. KHD est le plus grand fabricant de moteurs diesel du monde. Sur les 25 mrds de DM de chiffre d'affaires réalisés à Cologne, plus de dix vont au compte des seuls Ford et KHD.

WIRTSCHAFT UND HÄFEN
THE ECONOMY AND THE PORTS

Die Kölner Messe wurde, aufbauend auf eine Messetradition, die auf ein Privileg von 1360 zurückgeht, als Gesellschaft im Jahre 1922 gegründet. Das prägnante Messesignet von Professor Schulpig prunkt auf dem Messekongresszentrum Ost. Die Köln-Messe erwirtschaftete 1980 einen Umsatz von 110 Millionen DM. Vierzehn Messehallen bieten 212 000 m² Ausstellungsfläche. Auf jährlich 700 Millionen wird der gesamte durch die Messe in Köln initiierte Umsatz geschätzt. Jährlich finden etwa 25 internationale Veranstaltungen auf dem Messegelände statt. Die größten Messen sind die photokina und die ANUGA, die Weltmesse der Ernährung.

The Kölner Messe was incorporated as a Trade Fair in 1922, on the basis of a trade fair tradition which goes back to privileges granted in 1360. The impressive logo of the Fair designed by Professor Schulpig has pride of place in the Messekongresszentrum Ost. In 1980 the Cologne Trade Fairs

L'ÉCONOMIE ET LES PORTS

generated a turnover of 110 million Marks. Some 14 halls offer 212,000 m² exhibition space. The turnover generated in Cologne every year by this Trade Fair Centre is estimated at 700 million Marks. Every year some 25 international events take place in the Fair Centre. The largest trade fairs are the photokina and the ANUGA (bottom), the World Fair For Nutrition.

Fondée sur une tradition foraine remontant à un privilège de 1360, la foire de Cologne s'est constituée en société en 1922. Le signet expressif du professeur Schulpig trône au centre de congrès est. En 1980, la foire de Cologne a réalisé un chiffre d'affaires de 110 millions de Deutschmarks. Quatorze halls d'exposition offrent une surface de 212 000 m². On estime à 700 millions le volume d'affaires induites par la foire. 25 manifestations internationales se déroulent chaque année sur le terrain de la foire. Les foires les plus importantes sont la photokina et l'ANUGA (en bas), la foire de l'alimentation.

Ein Blick auf und in die Kölner Großmarktanlagen (Markthalle mit halbrundem Dach) am Bonntor zeigt, daß Köln auch außerhalb der ANUGA gut ernährt wird.

A view of and into the wholesale markets of Cologne (market hall with semicircular roof) near the Bonntor shows that the stomach of Cologne is well satisfied, even outside the ANUGA.

Une vue des marchés de gros de Cologne vers la Bonntor (halle avec toit semi-circulaire) montre que Cologne se nourrit bien, même en dehors des périodes où se déroule l'ANUGA.

AUS DER LUFT GEGRIFFEN

RANDOM VIEWS

DES VUES «AU GRAND AIR»

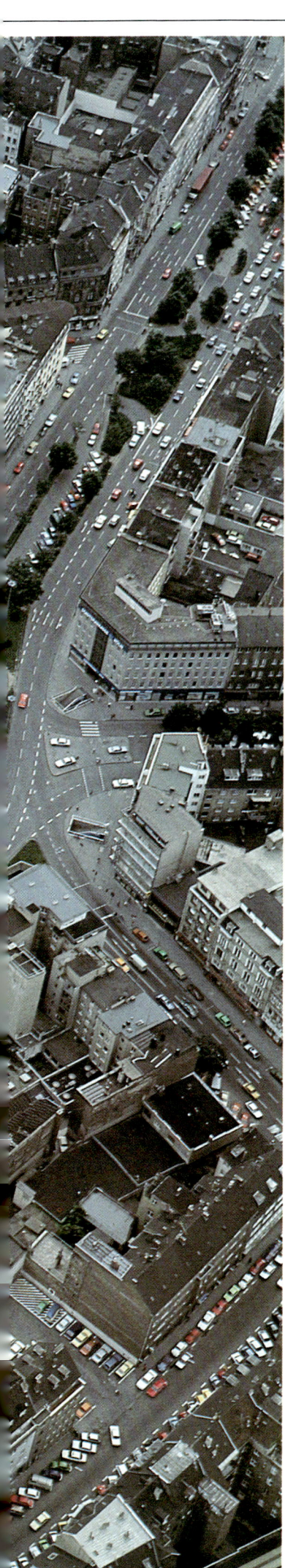

In der Mitte des linken Bildes Ebertplatz mit runder Brunnenanlage. Die neue Platzdominante ist das 1973 fertiggestellte siebeneckige Ringturmhaus der „Baukunstarchitekturgesellschaft". Die Grünanlage links im Bild ist am Theodor-Heuss-Ring. Rechts oben: Universitätsgelände am Inneren Grüngürtel von Südosten. Die Kölner Universität hat 1982 über 50 000 Studenten. Unteres Bild: Unicenter-Hochhaus und rechts davon Justizzentrum an der Luxemburger Straße.
At the centre of the picture on the left the Ebertplatz with the circular fountain installation. The new dominant feature of the Ebertplatz is the septagonal tower building near the ring road completed in 1973, belonging to the "Baukunstarchitekturgesellschaft" (Society of Architects). The gardens in the left of the picture are near the Theodor-Heuss-Ring. Top right: University campus near the inner green belt, viewed from the South East. In 1982 the University will have more than 50,000 students. Bottom picture: Unicenter high-rise building, to the right the Justizzentrum (Faculty of Law) near the Luxemburger Straße.
Au milieu de la photo de gauche, l'Ebertplatz avec sa fontaine circulaire. Nouvelle note dominante de la place, la Ringturmhaus heptagonale, achevée en 1973 par la «Société d'architecture décorative» («Baukunstarchitekturgesellschaft»). La zone verte à gauche sur l'image représente le Théodor-Heuss-Ring. En haut à droite, pris du sud-est, le campus de l'université sur l'Innerer Grüngürtel. En 1982, l' université de Cologne compte 50 000 étudiants. Photo du bas: Gratte-ciel du centre universitaire et à sa droite, le palais de justice donnant sur la Luxemburger Straße.

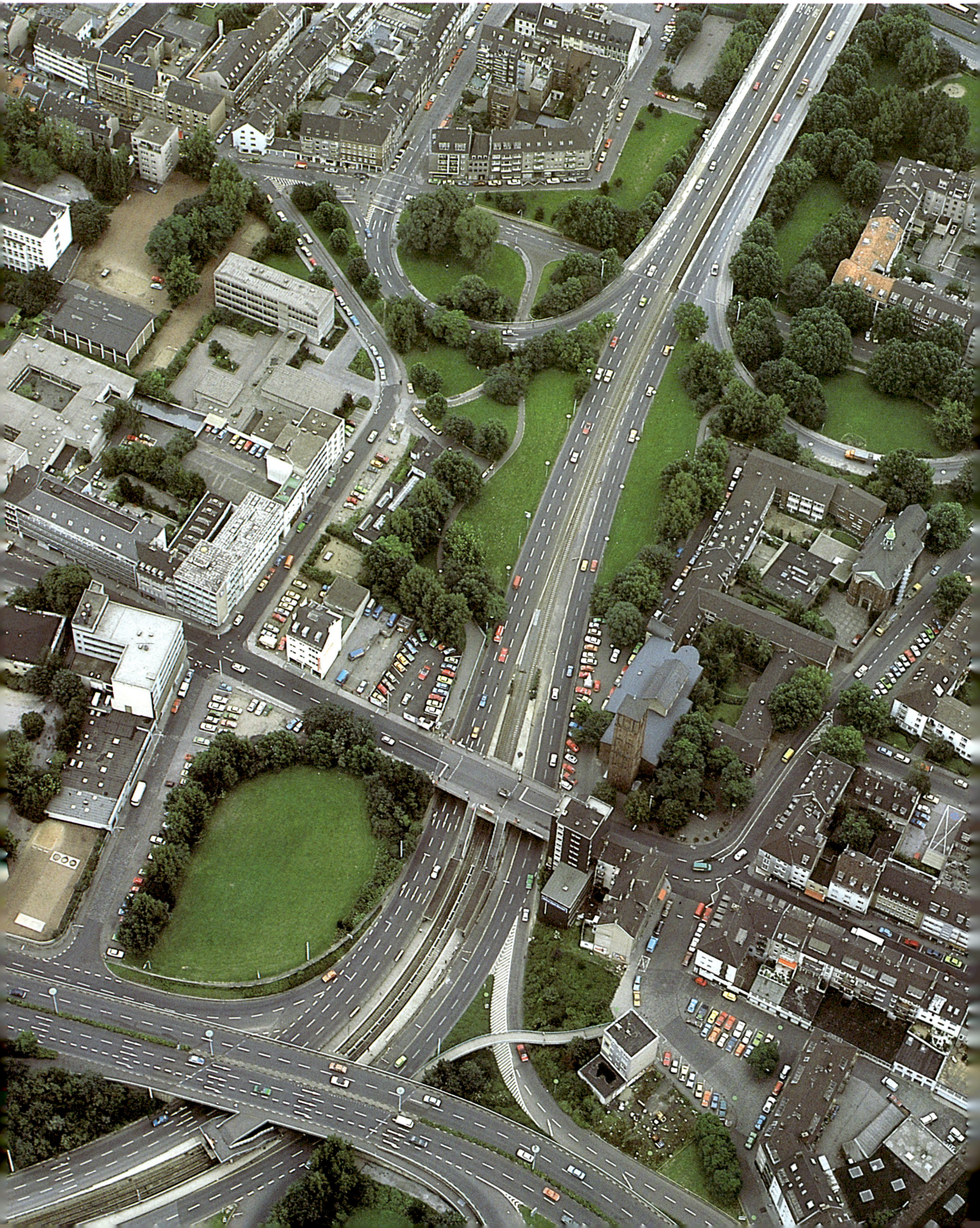

Links: Blick von Westen auf die linksrheinische Auffahrt zur Severinsbrücke. Erste breite Querstraße von unten Nord-Süd-Fahrt, die zweite Querstraße ist die Severinstraße, die durch das Severinsviertel, eines der volkstümlichsten und lebendigsten Stadtviertel, führt. Oberhalb des Viaduktes der Severinstraße ist die Kirche St. Johann Baptist zu erkennen. Die Kirche mit dem eckigen Westturm wurde von Karl Band nach fast totaler Kriegszerstörung 1960–63 unter Integration der wenigen alten Teile wieder erbaut. In dem sich oben anschließenden Häuserblock steht die Elendskirche St. Gregor aus den Jahren 1765–71. Rechtes Bild: Blick von Süden auf den Ortsteil Rodenkirchen mit malerischer Uferpromenade. Die Autobahnbrücke, eine Kabelhängebrücke von Bonatz (1938–41) wurde 1952–54 wiederaufgebaut.

Picture left: view of the approach to the Severinsbridge on the left-hand bank. The first broad crossroads at the bottom is the North-South axis, the second the Severinstraße which passes through the Severinsviertel, one of the liveliest parts of the city with lots of local colour. Above the viaduct of the Severinstraße the church St. Johann Baptist can be seen. This church, with its rectangular Western tower, was rebuilt by Karl Band, after almost complete destruction in the war, between 1960 and 1963 with the integration of the few old parts that were left. The block of houses at the top includes the Elendskirche St. Gregor from 1765–71. Picture right: view from the South of the district of Rodenkirchen with its picturesque river promenade. The bridge for the Autobahn, a cable suspension bridge designed by Bonatz (1938–41), was rebuilt between 1952 and 1954.

A gauche, vue prise de l'ouest de la rampe côté-rive gauche menant au Severinsbrücke. Première rue transversale large en-dessous de la Nord-Süd-Fahrt, la seconde rue transversale étant la Severinstraße, laquelle traverse le Severinsviertel, un des quartiers les plus populaires et les plus vivants de la ville. Au-dessus du viaduc de la Severinstraße, ont reconnaît l'église St. Johann Baptist. Cette église à la tour occidentale anguleuse, presque totalement détruite par la guerre, fut reconstruite de 1960 à 1963 par Karl Band, lequel réussit à reprendre certaines parties indemnes mais rares dans ses plans. Dans le groupe de maisons proches, visibles au-dessus, se trouve l'Elendskirche St. Gregor remontant à 1765–71. Photo de droite: vue, prise du sud, de l'agglomération de Rodenkirchen avec sa pittoresque promenade le long du Rhin. Le pont suspendu de l'autoroute, oeuvre de l'architechte Bonatz (de 1938 à 1941) fut reconstruit de 1952 à 1954.

Oben links: Neubaugebiet Bocklemünd–Mengenich (1965–70) nach Entwurf von H. Busch. Unteres Foto: Klärwerk Weiß inmitten von Grün. Rechts: Blick von Süden auf das südliche Stadtzentrum. Die Nord-Süd-Fahrt rechts im Bild führt am Fernmeldezentrum, unter der Fußgängerzone Schildergasse und am Operngebäude vorbei. Unterhalb der Bildmitte runder Wasserturm von 1872 (John Moore).

Top left: New Town Bocklemünd-Mengenich (1965–70, H. Busch). Bottom: water purification plant of Weiß in the middle of green. Right-hand side: view from the South showing the Southern part of the city centre. The North-South axis on the right of the picture runs past the telecommunications centre, beneath the Schildergasse precinct and past the Opera House. Below the centre of the picture the round water tower dating from 1872 (John Moore).

En haut à gauche, la zone d'habitations nouvelles de Bocklemünd-Mengenich, construite de 1965 à 1970 sur des plans de H. Busch. Photo du bas: station d'épuration de Weiß. A droite, vue prise du sud sur la partie méridionale du centre-ville. La Nord-Süd-Fahrt à droite sur la photo passe devant le centre des télécommunications, sous la zone piétonnière de la Schildergasse et devant l'opéra. Dans la partie inférieure centrale de la photo apparaît le chateau d'eau rond construit en 1872 par John Moore.

DES VUES «AU GRAND AIR»

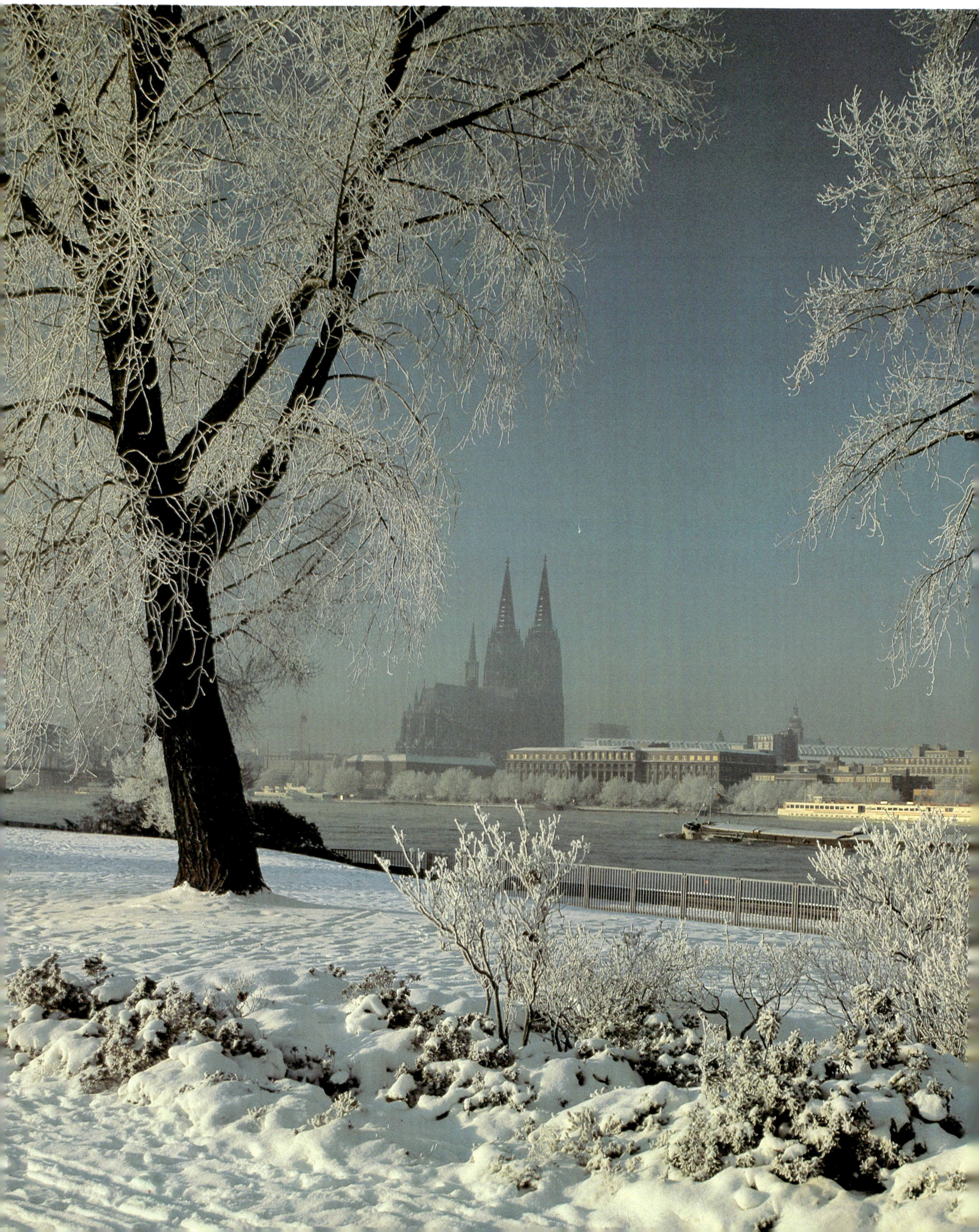

So alle zwanzig Jahre macht eine ganz besondere Wetterlage uns die Freude: Für ein paar Stunden Köln im Zuckerguß.

About every twenty years a special kind of weather situation gives pleasure to us all: Cologne, for a few hours under a coating of icing sugar.

Tous les vingt ans à peu près une situation météorologique particulière nous offre pour quelques heures le spectacle d'une Cologne féerique paraissant comme sous une glace de sucre.

HISTORISCHE DATEN

Reiche prähistorische Funde

38 v. Chr.
Wahrscheinliche Gründung des „Oppidum Ubiorum" nach der Umsiedlung (nach 50 v. Chr.) des germanischen Stammes der Ubier vom rechten Rheinufer auf die linksrheinische Seite durch Marcus Vipsanius Agrippa, den späteren Mitregenten des Kaisers Augustus.

Um Christi Geburt
Errichtung der „Ara Ubiorum", des Staatsstempels von Niedergermanien im „Oppidum Ubiorum"

16 n. Chr.
Julia Agrippina Minor wird in dem „Oppidum" geboren.

50 n. Chr.
Auf Wunsch der Agrippina Minor, der Tochter des Feldherrn Germanicus, verleiht ihr Gatte, der römische Kaiser Claudius, dem „Oppidum Ubiorum" unter dem neuen Namen „Colonia Claudia Ara Agrippinensium" (CCAA) die Stadtrechte. Aus dem ersten Wort dieses langen Namens entsteht später über verschiedene Zwischenformen (Cöllen, Cöln) der Stadtname „Köln".

50 n. Chr. – 310
Köln blüht als Produktionszentrum von Gläsern, Tonwaren. Handelszentren, Sitz der römischen Rheinflotte (Alteburg), zeitweilige Kaiserresidenz (Gallienus 257–259) und Residenz anderer Kurz- bzw. Teilkaiser. Köln hat wohl um 210 n. Chr. die erste Christengemeinde.

Um 310
Errichtung der ersten festen Rheinbrücke. Im Zusammenhang damit Bau des achtzehntürmigen Kastells „Divitia" – Vorläufer des heutigen Deutz (Ruinen zwischen Alt St. Heribert und Lufthansa-Hauptverwaltung)

313
Erste Erwähnung eines Kölner Bischofs (Hl. Maternus)

321
Kaiser Konstantin erläßt Privilegien zugunsten von Kölner Juden.

355
Erste Stadtzerstörung durch fränkische Eindringlinge. Nach der römischen Rückeroberung ist Köln vor 450 fest in der Hand der Franken. Das ripuarische Teilreich wird von Köln aus regiert.

507
Eingliederung Kölns in das Großreich König Chlodwigs, das Frankreich und einen Teil Deutschlands umfaßt.

Um 800
Durch Kaiser Karl den Großen Erhebung Kölns zum Erzbistum mit den Suffraganbistümern Lüttich, Minden, Münster, Osnabrück, Utrecht (kurze Zeit auch Bremen)

870
Weihe des karolingischen Domes

881
Zerstörung Kölns durch die Normannen

Um 950
Erste Stadterweiterung zum Rhein, Köln etabliert sich stärker als Markt und Fernhandelsplatz.

953
Bruno I, Bruder Kaiser Ottos I, Erzbischof von Köln; zugleich weltlicher Herr der Stadt. Diese Tradition dauert bis 1288.

Ab 1028
Nur der Kölner Erzbischof krönt den deutschen König in Aachen.

Ab 1031
Der Erzbischof Kölns wird gleichzeitig Kanzler für Italien. Dieses Recht wird institutionalisiert.

1074
Erster, vergeblicher Aufstand Kölner Kaufherren gegen den Erzbischof (Anno II).

1106
Kaiser Heinrich IV. erlaubt die zweite Stadterweiterung und verleiht den Kölner Bürgern das Recht der Wehrhoheit.

1149
Ersterwähnung des „Bürgerhauses", Vorläufer des Rathauses, gezeichnet mit dem ersten Prachtsiegel Kölns. Inschrift: „Heiliges Köln von Gottesgnaden getreue Tochter der römischen Kirche".

1164
Die Reliquien der Heiligen Drei Könige werden aus Mailand von Erzbischof Rainald von Dassel nach Köln überführt.

1180
Dritte Stadterweiterung

1248
Grundsteinlegung zum heutigen Dom durch Erzbischof Konrad von Hochstaden

1259
Köln erhält das Stapelrecht. Alle Waren müssen in Köln entladen werden, die Kölner haben Vorkaufsrecht.

1280
Todesjahr des großen Gelehrten und Heiligen Albertus Magnus (Grab jetzt in der St. Andreas-Kirche)

1288
Schlacht bei Worringen. Sieg der Stadt Köln über den Erzbischof. Er verliert seine weltliche Macht.

1322
Vollendung des Kölner Domchores

1355
Bestätigung des Stapelrechtes für Köln durch Kaiser Karl IV.

Um 1360
Errichtung des neuen Kölner Rathauses

1360
Privileg für Köln, jährlich zwei Messen abzuhalten.

1370
Aufstand der Kölner Weber gegen die Geschlechter

1388
Gründung der Kölner Universität als städtische Universität

1396
Festlegung einer neuen Stadtverfassung unter Beteiligung des Handwerks und der Form des sogenannten Verbundbriefes. Jeder Bürger muß einer Zunft angehören. Die 22 Gaffeln wählen den Rat.

1445
Stephan Lochner malt für die Ratskapelle sein „Dombild".

Um 1460
Einführung der Buchdruckerkunst in Köln

1475
Köln wird offiziell Freie Reichsstadt, was es de facto bereits seit 1288 war.

1505
Reichstag in Köln gehalten von Maximilian I.

1553
Begründung der Kölner Börse, einer der ältesten der Welt

1709
Beginn der Herstellung von „Eau de Cologne" in Köln durch Giovanni Maria Farina

1794
Eroberung Kölns durch Truppen der Französischen Revolution

1798
Ablösung der Kölner Verfassung durch die französische Gemeindeverfassung

1801
Köln kommt zu Frankreich.

1803
Säkularisierung der Stifte und Klöster

1803
In Köln wird die älteste Handelskammer Deutschlands gegründet.

1815
Köln wird preußisch.

1816
Erstes Dampfschiff auf dem Rhein

1823
Erster Rosenmontagszug unter der Aegide des Festkomitees des Kölner Karnevals

1842
Neuer Baubeginn am Kölner Dom

1848
Märzrevolution unter Beteiligung von Karl Marx und Friedrich Engels

1859
Eröffnung der Hohenzollernbrücke in ihrer ersten Form als Kastenbrücke – erste feste Brücke über den Rhein seit der Römerzeit

1861
Eröffnung des Wallraf-Richartz-Museums

1880
Dombauvollendung

1881
Beginn der Niederlegung der mittelalterlichen Stadtmauer

1912
Sonderbundausstellung (Moderne Kunst)

1914
Werkbundausstellung im Rheinparkgelände mit Ausstellungsgebäuden, die große Ausstrahlung auf die moderne Architektur hatten (Glashaus von Bruno Taut, Fabrik von Walter Gropius, Theater von Henry Van de Velde)

1919
Wiederbegründung der Universität zu Köln

1924
Eröffnung der Kölner Messe

1928
Pressa-Ausstellung im Messegelände

1942 – 1945
Zerstörung der Innenstadt zu 90 %, des Stadtgebietes zu 72 %

1957
Neueröffnung Wallraf-Richartz-Museum

1972
Eröffnung des neuerbauten Historischen Rathauses

1972
Ausstellung „Rhein und Maas", Kunst und Kultur 800 – 1400

1974
Eröffnung des Römisch-Germanischen Museums

1975
Eingemeindung von Porz, Rodenkirchen, Lövenich

1977
Eröffnung des Museums für Ostasiatische Kunst

1978
Ausstellung „Die Parler und der Schöne Stil 1350 – 1400"

1980
Domjubiläumsjahr; Besuch des Heiligen Vaters Papst Johannes Paul II.; Ausstellung Tut-Anch-Amun mit absolutem Besucherrekord aller Kölner Kunstausstellungen

1981
Westkunst-Ausstellung

HISTORICAL DATES

Rich, prehistoric findings

38 B.C.
Probable foundation of "Oppidum Ubiorum" after resettlement (after 50 B.C.) of the Germanic tribe of the Ubians from the right-hand side of the river to the left-hand side by Marcus Vipsanius Agrippa, later co-regent with Emperor Augustus.

About the time of the birth of Christ
Erection of "Ara Ubiorum", the State Temple of Lower Germania in "Oppidum Ubiorum".

16 A.D.
Julia Agrippina Minor is born in the "Oppidum".

50 A.D.
At the request of Agrippina Minor, the daughter of the Military Commander Germanicus, her husband, the Roman Emperor Claudius, grants the "Oppidum Ubiorum" the city rights under the new name "Colonia Claudia Ara Agrippinensium" (CCAA). From the first word of this long name, through various interim forms (Cöllen, Cöln) the present name of the city "Köln" has arrived.

50 A.D. – 310
Cologne flourishes as a centre for the production of glass and pottery, as a trade centre, the base of the Roman Rhine Fleet (Alteburg), the temporary Imperial Residence (of Gallienus, 257 – 259) and of other short-term or joint regents and has the first Christian community probably by about 210 A.D.

About 310
Erection of the first permanent Rhine bridge. In conjunction with the construction of the bridge, building of the 18-towered castle "Divitia" – the predecessor of today's Deutz (ruins between Old St. Heribert and the Lufthansa headquarters).

313
First reference to a bishop of Cologne (St. Maternus).

321
Emperor Constantine grants privileges to Cologne Jews.

355
First destruction of the city by Franconian incursions. After the Roman re-conquest, Cologne, before 450 is firmly in the hands of the Franconians. The Ripuarian part of the Empire is governed from Cologne.

507
Integration of Cologne into the Kingdom of King Chlodwig, which includes France and part of Germany.

Around 800
Emperor Charlemagne makes Cologne into an Archbishopric with the suffrage Bishoprics Liège, Münster, Osnabrück, Utrecht (for a short period, Bremen also).

870
Consecration of the Carolingian Cathedral.

881
Destruction of Cologne by the Normans.

About 950
First extension of the city towards the Rhine. Cologne becomes more established as a market town and as a trading post.

953
Bruno I, younger brother of Emperor Otto I, becomes Archbishop of Cologne. He also has temporal power in Cologne and is Master of the City. This tradition continues until 1288.

From 1028
Only the Cologne Archbishop crowns the German King in Aix-la Chapelle (Aachen).

From 1031
The Archbishop of Cologne also becomes Chancellor for Italy. The right to this becomes a formal office.

1074
First uprising of Cologne merchants against the Archbishop (Anno II). Uprising crushed.

1106
The Emperor Heinrich IV permits the second extension of the city and grants the citizens of Cologne the right to defend themselves.

1149
First deed mentioning of the "Bürgerhaus", (House of Burghers), the precursor of the Rathaus (Town Hall), with the first official seal of Cologne. Inscription: Cologne, Sacred City by the Grace of God, faithful daughter of the Roman Church.

1164
The relics of the Magi are transferred from Milan to Cologne by Archbishop Rainald von Dassel.

1180
Third extension of the city.

1248
The foundation stone of today's Cathedral is laid by Archbishop Konrad von Hochstaden.

1259
Cologne is granted the Staple Right. All goods must now be unloaded in Cologne; Cologne merchants have the first right to purchase.

1280
Death of the great scholar and Saint, Albertus Magnus (tomb in St. Andreas Church).

1288
Battle of Worringen. Victory of the City of Cologne against the Archbishop who loses his temporal powers.

1322
Completion of the Choir of Cologne Cathedral.

1355
Confirmation of the Staple Right of Cologne by Emperor Karl IV.

About 1360
Erection of the new Cologne Rathaus (Town Hall).

1360
Cologne is granted the privilege that it may hold two Trade Fairs per annum.

1370
Uprising of the weavers of Cologne against the Patrician families.

1388
Foundation of Cologne University as a City University.

1396
Establishment of a new constitution of the city which includes the trades in the form of the so-called "Verbundbrief". Every citizen must belong to a Guild. The 22 "Gaffeln" elect the Council.

1445
Stephan Lochner paints today's Cathedral picture, for the Town Hall Chapel.

About 1460
Introduction of the printing art in Cologne.

1475
Cologne becomes a Free City of the Reich which de facto it had been since 1288.

1505
Reichstag in Cologne, held by Maximillian I.

1553
Foundation of the Cologne Stock Exchange, one of the oldest in the world.

1709
Beginning of the production of "Eau de Cologne" in Cologne by Giovanni Maria Farina.

1794
Conquest of Cologne by troops of the French Revolution.

1798
Replacement of the Cologne Constitution by the French Constitution of the Commune.

1801
Cologne becomes part of France.

1803
Secularisation of monasteries and convents.

1803
The oldest Chamber of Commerce in Germany is founded in Cologne.

1815
Cologne becomes Prussian.

1816
First steamship on the Rhine.

1823
First Rose Monday Parade under the sponsorship of the Cologne Carnival Committee.

1842
Recommencement of building work in Cologne Cathedral.

1848
March Revolution: Karl Marx and Friedrich Engels take part.

1859
Opening of the Hohenzollern Bridge in its first form as a tubular bridge. First permanent bridge across the Rhine since Roman times.

1861
The Wallraf-Richartz-Museum is opened.

1880
Completion of Cologne Cathedral.

1881
Commencement of the demolition of the medieval walls of the City.

1912
Sonderbund-Exhibition (Modern Art)

1914
Werkbund-Exhibition in the Rhine Park area with its exhibition buildings which considerably influenced modern architecture (glass house by Bruno Taut, factory by Walter Gropius, theatre by Henry Van de Velde).

1919
Re-foundation of the University of Cologne.

1924
Opening of the Cologne Trade Fair.

1928
Pressa-Exhibition in the Exhibition Centre.

1942 – 1945
Air raids devastate Cologne. 90 % of the inner city and 72 % of the outlying areas are destroyed.

1957
Re-opening of the Wallraf-Richartz-Museum.

1972
Opening of the rebuilt historic Rathaus (Town Hall).

1972
Exhibition "Rhein and Maas", Art and Culture from 800 – 1400 A.D.

1974
Opening of the Roman-Germanic Museum.

1975
Incorporation of the districts of Porz, Rodenkirchen and Lövenich.

1977
Opening of the Museum of East Asian Art.

1978
Exhibition: "The Parlers and the International Gothic Style 1350 – 1400".

1980
Cathedral Jubilee; visit of the Holy Father, Pope John Paul II.; Tut-ankh-Amen Exhibition with the absolute record number of visitors to any Cologne art exhibition.

1981
Westkunst Exhibition.

APERÇU HISTORIQUE

Riches découvertes préhistoriques

38 av. J.C.
Fondation présumée de l'«Oppidum Ubiorum», après le transfert (postérieur à 50 av. J.C.) de la tribu germanique des Ubiens de la rive gauche à la rive droite, opération due à Marcus Vipsanius Agrippa, plus tard co-régent de l'empereur Auguste.

Début de l'ère chrétienne
Construction de l'«Ara Ubiorum», temple d'Etat des Bas-Germains, à l'«Oppidum Ubiorum».

16 ap. J.C.
Julia Agrippina Minor voit le jour dans l'«Oppidum»

50 ap. J.C.
A la demande d'Agrippina Minor, fille du général Germanicus, l'empereur romain Claude, son mari, accorde à l'«Oppidum Ubiorum» ses droits de cité, laquelle s'appelle désormais «Colonia Claudia Ara Agrippinensium» (CCAA). Le nom de la ville, «Köln», passera par de nombreuses transitions (Cöllen, Cöln) issues de ce premier nom.

50 ap. J.C. – 310
La ville de Cologne déborde d'activités: verres, poteries, centres commerciaux, siège de la flotte romaine sur le Rhin (Alteburg), résidence temporaire de l'empereur (Gallien 257 – 259) ou des empereurs éphémères et co-empereurs. Vers 210 ap. J.C., Cologne a certainement la première communauté chrétienne.

Vers 310
Construction du premier pont en dure sur le fleuve. Conjointement à cela, construction du castel «Divitia», précurseur de l'actuel Deutz (dont les ruines se trouvent entre Alt St. Heribert et l'immeuble administratif de la Lufthansa).

313
Première évocation de l'existence d'un évêque à Cologne (St. Maternus).

321
L'empereur Constantin décrète des privilèges en faveur des Juifs de Cologne.

355
Première destruction de la ville causée par des envahisseurs francs. Après la reconquête de la ville av. 450 par les Romains, Cologne est aux mains des Francs. L'empire ripuaire est régi de Cologne.

507
Intégration de Cologne dans le grand empire du roi Clovis regroupant la France et une partie de l'Allemagne.

Vers 800
L'empereur Charlemagne élève Cologne au rang d'archevêché dont dépendent les évêchés de Liège, Minden, Münster, Osnabrück, Utrecht et, pour un temps, Brême.

870
Consécration de la cathédrale carolingienne à Cologne

881
Destruction de Cologne par les Normands

Vers 950
Première extension de la ville vers le Rhin, avec faubourg. Cologne se renforce en tant que marché et ville commerçant avec l'étranger.

953
Bruno I, le fils benjamin de l'empereur Otto I, devient archevêque de Cologne. Il exerce les pleins pouvoirs temporels et est seigneur de la ville. Cette tradition durera jusqu'en 1288.

A partir de 1028
L'archevêque de Cologne est le seul à couronner le roi en Allemagne en Aix-la-Chapelle.

A partir de 1031
L'archevêque de Cologne devient en même temps chancelier d'Italie.

1074
Premier soulèvement sans succès des marchands de Cologne contre l'archevêque (Anno II).

1106
L'empereur Heinrich IV permet une seconde extension de la ville et accorde aux bourgeois de Cologne la souveraineté militaire.

1149
Première évocation de la «maison bourgeoise», précurseur de la mairie, caractérisée par le premier sceau de la ville de Cologne où l'on peut lire: «Cologne sainte par la grâce de Dieu, fille fidèle de l'Eglise romaine».

1164
L'archevêque Rainald von Dassel transfère les reliques des trois Rois Mages de Milan à Cologne.

1180
Troisième extension de la ville.

1248
L'archevêque Konrad von Hochstaden pose la première pierre de l'actuelle cathédrale.

1259
Cologne reçoit droit de comptoir. Toutes les marchandises doivent y être déchargées. Les habitants de la ville ont droit de préemption.

1280
Mort du grand érudit Saint Albertus Magnus (dont la tombe se trouve maintenant à l'église St. Andreas)

1288
Bataille de Worringen. Victoire de la ville de Cologne sur l'archevêque qui perd ainsi ses pouvoirs temporels.

1322
Achèvement du choeur de la cathédrale de Cologne.

1355
L'empereur Karl IV confirme à Cologne son droit de comptoir.

Vers 1360
Construction de la nouvelle mairie.

1360
Cologne se voit octroyer le privilège d'organiser deux foires chaque année.

1370
Soulèvement des tisserands de Cologne contre la noblesse du sang.

1388
Fondation de l'université de Cologne, université citadine.

1396
Elaboration de la charte de Cologne avec la participation des artisans et l'emploi de la fameuse «Verbundbrief». Chaque habitant doit faire partie d'une corporation. Les 22 «Gaffeln» élisent le conseil.

1445
Stephan Lochner peint pour la chapelle du conseil son «Tableau de la cathédrale en l'état».

vers 1460
Introduction de l'imprimerie à Cologne.

1475
Cologne est déclarée ville impériale libre, situation prévalant de facto depuis 1288.

1505
Diète de l'empire à Cologne, tenue par Maximilian I.

1553
Fondation de la bourse de Cologne, une des plus anciennes du monde.

1709
Début de la fabrication de la fameuse «Eau de Cologne», par Giovanni Maria Farina.

1794
Conquête de Cologne par les troupes de la Révolution française.

1798
La charte de Cologne est remplacée par le statut municipal français.

1801
Cologne fait partie de la France.

1803
Sécularisation des séminaires et des couvents.

1803
C'est à Cologne qu'est fondée la première chambre de commerce de toute l'Allemagne.

1815
Cologne fait partie de la Prusse.

1816
Premier bateau à vapeur sur le Rhin.

1823
Premier défilé du Rosenmontag, sous l'égide du comité carnavalesque de Cologne.

1842
Reprise des travaux sur la cathédrale.

1848
Révolution de mars, avec la participation de Karl Marx et de Friedrich Engels.

1859
Ouverture du Hohenzollernbrücke sous sa première version en poutres-caissons. C'est le premier pont en dure sur le Rhin depuis l'ère romaine.

1861
Ouverture du Wallraf-Richartz-Museum.

1880
Achèvement de la cathédrale.

1881
Début du démantèlement de l'enceinte moyenâgeuse entourant la ville.

1912
Exposition fédérale d'art moderne, le «Sonderbund»

1914
Exposition fédérale sur le terrain du Rheinpark, avec bâtiments d'exposition, lesquelles eurent une forte influence sur l'architecture moderne (Maison de verre de Bruno Taut, usine de Walter Gropius, théâtre de Henry Van de Velde).

1919
Nouvelle fondation de l'université de Cologne.

1924
Ouverture de la foire de Cologne.

1928
Exposition Pressa sur le terrain de la foire.

1942 – 1945
Dévastation par les bombes. Le centre ville est détruit à 90 % et la ville proprement dite à 72 %.

1957
Réouverture du Wallraf-Richartz-Museum.

1972
Ouverture de la mairie historique venant d'être reconstruite.

1972
Exposition ayant pour thème «Rhin et Maas», l'art et la culture entre l'an 800 et l'an 1400.

1974
Ouverture du Römisch-Germanisches-Museum.

1975
Les localités de Porz, Rodenkirchen et Lövenich sout intégrées dans la ville de Cologne.

1977
Ouverture du musée des arts d'Extrême-Orient.

1978
Exposition intitulée «Les Parler et le Beau Style, Style Gothique International, de 1350 à 1400».

1980
Centenaire de l'achèvement de la cathédrale; Visite du Saint Père le Pape Jean Paul II.; Exposition Toutânkhamon, la plus visitée de toutes les expositions jamais organisées à Cologne.

1981
Exposition d'art occidental, «Westkunst».